Introdução ao Estudo do Direito

O GEN | Grupo Editorial Nacional – maior plataforma editorial brasileira no segmento científico, técnico e profissional – publica conteúdos nas áreas de concursos, ciências jurídicas, humanas, exatas, da saúde e sociais aplicadas, além de prover serviços direcionados à educação continuada.

As editoras que integram o GEN, das mais respeitadas no mercado editorial, construíram catálogos inigualáveis, com obras decisivas para a formação acadêmica e o aperfeiçoamento de várias gerações de profissionais e estudantes, tendo se tornado sinônimo de qualidade e seriedade.

A missão do GEN e dos núcleos de conteúdo que o compõem é prover a melhor informação científica e distribuí-la de maneira flexível e conveniente, a preços justos, gerando benefícios e servindo a autores, docentes, livreiros, funcionários, colaboradores e acionistas.

Nosso comportamento ético incondicional e nossa responsabilidade social e ambiental são reforçados pela natureza educacional de nossa atividade e dão sustentabilidade ao crescimento contínuo e à rentabilidade do grupo.

Sergio Pinto Martins

Introdução ao Estudo do Direito

4ª edição

- O autor deste livro e a editora empenharam seus melhores esforços para assegurar que as informações e os procedimentos apresentados no texto estejam em acordo com os padrões aceitos à época da publicação, *e todos os dados foram atualizados pelo autor até a data de fechamento do livro.* Entretanto, tendo em conta a evolução das ciências, as atualizações legislativas, as mudanças regulamentares governamentais e o constante fluxo de novas informações sobre os temas que constam do livro, recomendamos enfaticamente que os leitores consultem sempre outras fontes fidedignas, de modo a se certificarem de que as informações contidas no texto estão corretas e de que não houve alterações nas recomendações ou na legislação regulamentadora.

- Data do fechamento do livro: 24/03/2025

- O autor e a editora se empenharam para citar adequadamente e dar o devido crédito a todos os detentores de direitos autorais de qualquer material utilizado neste livro, dispondo-se a possíveis acertos posteriores caso, inadvertida e involuntariamente, a identificação de algum deles tenha sido omitida.

- Direitos exclusivos para a língua portuguesa
  Copyright ©2025 by
  Saraiva Jur, um selo da SRV Editora Ltda.
  Uma editora integrante do GEN | Grupo Editorial Nacional
  Travessa do Ouvidor, 11
  Rio de Janeiro – RJ – 20040-040

- **Atendimento ao cliente:** https://www.editoradodireito.com.br/contato

- Reservados todos os direitos. É proibida a duplicação ou reprodução deste volume, no todo ou em parte, em quaisquer formas ou por quaisquer meios (eletrônico, mecânico, gravação, fotocópia, distribuição pela Internet ou outros), sem permissão, por escrito, da **SRV Editora Ltda.**

- Capa: Lais Soriano
  Diagramação: SbNigri Artes e Textos Ltda.

- **DADOS INTERNACIONAIS DE CATALOGAÇÃO NA PUBLICAÇÃO (CIP)**
  VAGNER RODOLFO DA SILVA – CRB-8/9410

M386i   Martins, Sergio Pinto
Introdução ao Estudo do Direito / Sergio Pinto Martins. - 4. ed. - Rio de Janeiro : Saraiva Jur, 2025.

184 p.
ISBN 978-85-5362-395-2 (Impresso)

1. Direito. 2. Teoria geral do direito. 3. Estudo do Direito. I. Título.

	CDD 340.1
2025-1082	CDU 340.11

Índices para catálogo sistemático:
1. Direito: Teoria geral do direito   340.1
2. Direito: Teoria geral do direito   340.11

abdr
ASSOCIAÇÃO BRASILEIRA DE DIREITOS REPROGRÁFICOS
Respeite o direito autoral

*Vivendo se aprende; mas o que se aprende, mais,
é só a fazer outras maiores perguntas.*

Guimarães Rosa

Trabalhos do Autor

LIVROS

1. *Imposto sobre serviços – ISS*. São Paulo: Atlas, 1992.
2. *Direito da seguridade social*. 42. ed. São Paulo: Saraiva, 2024.
3. *Direito do trabalho*. 40. ed. São Paulo: Saraiva, 2024.
4. *A terceirização e o direito do trabalho*. 15. ed. São Paulo: Saraiva, 2018.
5. *Manual do ISS*. 10. ed. São Paulo: Saraiva, 2017.
6. *Participação dos empregados nos lucros das empresas*. 5. ed. São Paulo: Atlas, 2021.
7. *Práticas discriminatórias contra a mulher e outros estudos*. São Paulo: LTr, 1996.
8. *Contribuição confederativa*. São Paulo: LTr, 1996.
9. *Medidas cautelares*. São Paulo: Malheiros, 1996.
10. *Manual do trabalho doméstico*. 14. ed. São Paulo: Saraiva, 2018.
11. *Tutela antecipada e tutela específica no processo do trabalho*. 3. ed. São Paulo: Atlas, 2002.
12. *Manual do FGTS*. 5. ed. São Paulo: Saraiva, 2017.
13. *Comentários à CLT*. 23. ed. São Paulo: Saraiva, 2020.
14. *Manual de direito do trabalho*. 18. ed. São Paulo: Saraiva, 2024.
15. *Direito processual do trabalho*. 46. ed. São Paulo: Saraiva, 2024.
16. *Contribuições sindicais*. 6. ed. São Paulo: Saraiva, 2020.
17. *Contrato de trabalho de prazo determinado e banco de horas*. 4. ed. São Paulo: Atlas, 2002.
18. *Estudos de direito*. São Paulo: LTr, 1998.
19. *Legislação previdenciária*. 23. ed. São Paulo: Saraiva, 2020.
20. *Síntese de direito do trabalho*. Curitiba: JM, 1999.
21. *Continuidade do contrato de trabalho*. 2. ed. São Paulo: Saraiva, 2019.
22. *Flexibilização das condições de trabalho*. 6. ed. São Paulo: Saraiva, 2020.
23. *Legislação sindical*. São Paulo: Atlas, 2000.
24. *Direito processual do trabalho*. Coleção Fundamentos. 20. ed. São Paulo: Saraiva, 2017.
25. *Comissões de conciliação prévia*. 3. ed. São Paulo: Atlas, 2008.
26. *Instituições de direito público e privado*. 18. ed. São Paulo: Saraiva, 2018.
27. *Direito do trabalho*. Coleção Fundamentos. 21. ed. São Paulo: Saraiva, 2021.
28. *Direito da seguridade social*. Coleção Fundamentos. 17. ed. São Paulo: Saraiva, 2017.
29. *Greve do servidor público*. 2. ed. São Paulo: Saraiva, 2017.
30. *O pluralismo do direito do trabalho*. 2. ed. São Paulo: Saraiva, 2016.
31. *Execução da contribuição previdenciária na justiça do trabalho*. 5. ed. São Paulo: Saraiva, 2019.
32. *Manual de direito tributário*. 18. ed. São Paulo: Saraiva, 2019.
33. *Cooperativas de trabalho*. 7. ed. São Paulo: Saraiva, 2020.
34. *CLT universitária*. 26. ed. São Paulo: Saraiva, 2020.
35. *Reforma previdenciária*. 3. ed. São Paulo: Saraiva, 2020.
36. *Manual da justa causa*. 7. ed. São Paulo: Saraiva, 2018.
37. *Comentários às Súmulas do TST*. 16. ed. São Paulo: Saraiva, 2016.
38. *Constituição – CLT – Legislação previdenciária e legislação complementar*. 3. ed. São Paulo: Atlas, 2012.
39. *Dano moral decorrente do contrato de trabalho*. 3. ed. São Paulo: Atlas, 2012.
40. *Profissões regulamentadas*. 2. ed. São Paulo: Atlas, 2013.
41. *Direitos fundamentais trabalhistas*. 3. ed. São Paulo: Saraiva, 2020.
42. *Convenções da OIT*. 3. ed. São Paulo: Saraiva, 2016.
43. *Estágio e relação de emprego*. 4. ed. São Paulo: Atlas, 2015.
44. *Comentários às Orientações Jurisprudenciais da SBDI-1 e 2 do TST*. 6. ed. São Paulo: Atlas, 2015.
45. *Direitos trabalhistas do atleta profissional de futebol*. 2. ed. São Paulo: Saraiva, 2016.
46. *Prática trabalhista*. 9. ed. São Paulo: Saraiva, 2019.
47. *Assédio moral*. 5. ed. São Paulo: Saraiva, 2017.
48. *Comentários à Lei n. 8.212/91. Custeio*. 2. ed. São Paulo: Saraiva, 2021.
49. *Comentário à Lei n. 8.213/91. Benefícios da Previdência Social*. 2. ed. São Paulo: Saraiva, 2020.
50. *Prática previdenciária*. 5. ed. São Paulo: Saraiva, 2019.
51. *Teoria geral do processo*. 9. ed. São Paulo: Saraiva, 2024.
52. *Teoria Geral do Estado*. 3. ed. São Paulo: Saraiva, 2024.
53. *Introdução ao Estudo do Direito*. 3. ed. São Paulo: Saraiva, 2024.
54. *Reforma trabalhista*. São Paulo: Saraiva, 2018.

INTRODUÇÃO AO ESTUDO DO DIREITO

ARTIGOS

1. A dupla ilegalidade do IPVA. *Folha de São Paulo*, São Paulo, 12 mar. 1990. Caderno C, p. 3.
2. Descumprimento da convenção coletiva de trabalho. *LTr*, São Paulo, n. 54-7/854, jul. 1990.
3. *Franchising* ou contrato de trabalho? *Repertório IOB de Jurisprudência*, n. 9, texto 2/4990, p. 161, 1991.
4. A multa do FGTS e o levantamento dos depósitos para aquisição de moradia. *Orientador Trabalhista – Suplemento de Jurisprudência e Pareceres*, n. 7, p. 265, jul. 1991.
5. O precatório e o pagamento da dívida trabalhista da fazenda pública. *Jornal do II Congresso de Direito Processual do Trabalho*, jul. 1991, p. 42. (Promovido pela LTr Editora.)
6. As férias indenizadas e o terço constitucional. *Orientador Trabalhista Mapa Fiscal – Suplemento de Jurisprudência e Pareceres*, n. 8, p. 314, ago. 1991.
7. O guarda de rua contratado por moradores. Há relação de emprego? *Folha Metropolitana*, Guarulhos, 12 set. 1991, p. 3.
8. O trabalhador temporário e os direitos sociais. *Informativo Dinâmico IOB*, n. 76, p. 1164, set. 1991.
9. O serviço prestado após as cinco horas em sequência ao horário noturno. *Orientador Trabalhista Mapa Fiscal – Suplemento de Jurisprudência e Pareceres*, n. 10, p. 414, out. 1991.
10. Incorporação das cláusulas normativas nos contratos individuais do trabalho. *Jornal do VI Congresso Brasileiro de Direito Coletivo do Trabalho e V Seminário sobre Direito Constitucional do Trabalho*, nov. 1991, p. 43. (Promovido pela LTr Editora.)
11. Adicional de periculosidade no setor de energia elétrica: algumas considerações. *Orientador Trabalhista Mapa Fiscal – Suplemento de Jurisprudência e Pareceres*, n. 12, p. 544, dez. 1991.
12. Salário-maternidade da empregada doméstica. *Folha Metropolitana*, Guarulhos, 2-3 fev. 1992, p. 7.
13. Multa pelo atraso no pagamento de verbas rescisórias. *Repertório IOB de Jurisprudência*, n. 1, texto 2/5839, p. 19, 1992.
14. Base de cálculo dos adicionais. *Orientador Trabalhista Mapa Fiscal – Suplemento de Legislação, Jurisprudência e Doutrina*, n. 2, p. 130, fev. 1992.
15. Base de cálculo do adicional de insalubridade. *Orientador Trabalhista Mapa Fiscal – Suplemento de Legislação, Jurisprudência e Doutrina*, n. 4, p. 230, abr. 1992.
16. Limitação da multa prevista em norma coletiva. *Repertório IOB de Jurisprudência*, n. 10, texto 2/6320, p. 192, 1992.
17. Estabilidade provisória e aviso prévio. *Orientador Trabalhista Mapa Fiscal – Suplemento de Legislação, Jurisprudência e Doutrina*, n. 5, p. 279, maio 1992.
18. Contribuição confederativa. *Orientador Trabalhista Mapa Fiscal – Suplemento de Legislação, Jurisprudência e Doutrina*, n. 6, p. 320, jun. 1992.
19. O problema da aplicação da norma coletiva de categoria diferenciada à empresa que dela não participou. *Orientador Trabalhista Mapa Fiscal – Suplemento de Legislação, Jurisprudência e Doutrina*, n. 7, p. 395, jul. 1992.
20. Intervenção de terceiros no processo de trabalho: cabimento. *Jornal do IV Congresso Brasileiro de Direito Processual do Trabalho*, jul. 1992, p. 4. (Promovido pela LTr Editora.)
21. Relação de emprego: dono de obra e prestador de serviços. *Folha Metropolitana*, Guarulhos, 21 jul. 1992, p. 5.
22. Estabilidade provisória do cipeiro. *Orientador Trabalhista Mapa Fiscal – Suplemento de Legislação, Jurisprudência e Doutrina*, n. 8, p. 438, ago. 1992.
23. O ISS e a autonomia municipal. *Suplemento Tributário LTr*, n. 54, p. 337, 1992.
24. Valor da causa no processo do trabalho. *Suplemento Trabalhista LTr*, n. 94, p. 601, 1992.
25. Estabilidade provisória do dirigente sindical. *Orientador Trabalhista Mapa Fiscal – Suplemento de Legislação, Jurisprudência e Doutrina*, n. 9, p. 479, set. 1992.
26. Estabilidade no emprego do aidético. *Folha Metropolitana*, Guarulhos, 20-21 set. 1992, p. 16.
27. Remuneração do engenheiro. *Orientador Trabalhista Mapa Fiscal – Suplemento de Legislação, Jurisprudência e Doutrina*, n. 10, p. 524, out. 1992.
28. Estabilidade do acidentado. *Repertório IOB de Jurisprudência*, n. 22, texto 2/6933, p. 416, 1992.
29. A terceirização e suas implicações no direito do trabalho. *Orientador Trabalhista Mapa Fiscal – Legislação, Jurisprudência e Doutrina*, n. 11, p. 583, nov. 1992.
30. Contribuição assistencial. *Jornal do VII Congresso Brasileiro de Direito Coletivo do Trabalho e VI Seminário sobre Direito Constitucional do Trabalho*, nov. 1992, p. 5.
31. Descontos do salário do empregado. *Orientador Trabalhista Mapa Fiscal – Suplemento de Legislação, Jurisprudência e Doutrina*, n. 12, p. 646, dez. 1992.
32. Transferência de empregados. *Orientador Trabalhista Mapa Fiscal – Suplemento de Legislação, Jurisprudência e Doutrina*, n. 1, p. 57, jan. 1993.
33. A greve e o pagamento dos dias parados. *Orientador Trabalhista Mapa Fiscal – Suplemento de Legislação, Jurisprudência e Doutrina*, n. 2, p. 138, fev. 1993.
34. Auxílio-doença. *Folha Metropolitana*, Guarulhos, 30 jan. 1993, p. 5.
35. Salário-família. *Folha Metropolitana*, Guarulhos, 16 fev. 1993, p. 5.
36. Depósito recursal. *Repertório IOB de Jurisprudência*, n. 4, texto 2/7239, p. 74, fev. 1993.
37. Terceirização. *Jornal Magistratura & Trabalho*. n. 5, p. 12, jan. e fev. 1993.
38. Auxílio-natalidade. *Folha Metropolitana*, Guarulhos, 9 mar. 1993, p. 4.
39. A diarista pode ser considerada empregada doméstica? *Orientador Trabalhista Mapa Fiscal – Suplemento Trabalhista Mapa Fiscal – Suplemento de Legislação, Jurisprudência e Doutrina*, n. 3/93, p. 207.
40. Renda mensal vitalícia. *Folha Metropolitana*, Guarulhos, 17 mar. 1993, p. 6.
41. Aposentadoria espontânea com a continuidade do aposentado na empresa. *Jornal do Primeiro Congresso Brasileiro de Direito Individual do Trabalho*, 29 e 30 mar. 1993, p. 46-47. (Promovido pela LTr Editora.)
42. Relação de emprego e atividades ilícitas. *Orientador Trabalhista Mapa Fiscal – Suplemento de Legislação, Jurisprudência e Doutrina*, n. 5/93, p. 345.
43. Conflito entre norma coletiva do trabalho e legislação salarial superveniente. *Revista do Advogado*, n. 39, p. 69, maio 1993.
44. Condição jurídica do diretor de sociedade em face do direito do trabalho. *Orientador Trabalhista Mapa*

Trabalhos do Autor

Fiscal – Suplemento de Legislação, Jurisprudência e Doutrina, n. 6/93, p. 394.
45. Equiparação salarial. *Orientador Trabalhista Mapa Fiscal – Suplemento de Legislação, Jurisprudência e Doutrina*, n. 7/93, p. 467.
46. Dissídios coletivos de funcionários públicos. *Jornal do 5º Congresso Brasileiro de Direito Processual do Trabalho*, jul. 1993, p. 15. (Promovido pela LTr Editora.)
47. Contrato coletivo de trabalho. *Orientador Trabalhista Mapa Fiscal – Suplemento de Legislação, Jurisprudência e Doutrina*, n. 8/93, p. 536.
48. Reintegração no emprego do empregado aidético. *Suplemento Trabalhista LTr*, n. 102/93, p. 641.
49. Incidência da contribuição previdenciária nos pagamentos feitos na Justiça do Trabalho. *Orientador Trabalhista Mapa Fiscal – Suplemento de Legislação, Jurisprudência e Doutrina*, n. 9/93, p. 611.
50. Contrato de trabalho por obra certa. *Orientador Trabalhista Mapa Fiscal – Suplemento de Legislação, Jurisprudência e Doutrina*, n. 10/93, p. 674.
51. Autoaplicabilidade das novas prestações previdenciárias da Constituição. *Revista de Previdência Social*, n. 154, p. 697, set. 1993.
52. Substituição processual e o Enunciado 310 do TST. *Orientador Trabalhista Mapa Fiscal – Suplemento de Legislação, Jurisprudência e Doutrina*, n. 11/93, p. 719.
53. Litigância de má-fé no processo do trabalho. *Repertório IOB de Jurisprudência*, n. 22/93, texto 2/8207, p. 398.
54. Constituição e custeio do sistema confederativo. *Jornal do 8º Congresso Brasileiro de Direito Coletivo do Trabalho e 7º Seminário sobre Direito Constitucional do Trabalho*, nov. 1993, p. 68. (Promovido pela LTr Editora.)
55. Participação nos lucros. *Orientador Trabalhista Mapa Fiscal – Suplemento de Legislação, Jurisprudência e Doutrina*, n. 12/93, p. 778.
56. Auxílio-funeral. *Folha Metropolitana*, Guarulhos, 22-12-1993, p. 5.
57. Regulamento de empresa. *Orientador Trabalhista Mapa Fiscal – Suplemento de Legislação, Jurisprudência e Doutrina*, n. 1/94, p. 93.
58. Aviso prévio. *Orientador Trabalhista Mapa Fiscal – Suplemento de Legislação, Jurisprudência e Doutrina*, n. 2/94, p. 170.
59. Compensação de horários. *Orientador Trabalhista Mapa Fiscal – Suplemento de Legislação, Jurisprudência e Doutrina*, n. 3/94, p. 237.
60. Controle externo do Judiciário. *Folha Metropolitana*, Guarulhos, 10-3-1994, p. 2; *Folha da Tarde*, São Paulo, 26-3-1994, p. A2.
61. Aposentadoria dos juízes. *Folha Metropolitana*, Guarulhos, 11-3-1994, p. 2; *Folha da Tarde*, São Paulo, 23-3-1994, p. A2.
62. Base de cálculo da multa de 40% do FGTS. *Jornal do Segundo Congresso Brasileiro de Direito Individual do Trabalho*, promovido pela LTr, 21 a 23-3-1994, p. 52.
63. Denunciação da lide no processo do trabalho. *Repertório IOB de Jurisprudência*, n. 7/94, abril de 1994, p. 117, texto 2/8702.
64. A quitação trabalhista e o Enunciado n. 330 do TST. *Orientador Trabalhista Mapa Fiscal – Suplemento de Legislação, Jurisprudência e Doutrina*, n. 4/94, p. 294.
65. A indenização de despedida prevista na Medida Provisória n. 457/94. *Repertório IOB de Jurisprudência*, n. 9/94, p. 149, texto 2/8817.
66. A terceirização e o Enunciado n. 331 do TST. *Orientador Trabalhista Mapa Fiscal – Suplemento de Legislação, Jurisprudência e Doutrina*, n. 5/94, p. 353.
67. Superveniência de acordo ou convenção coletiva após sentença normativa – prevalência. *Orientador Trabalhista Mapa Fiscal – Suplemento de Legislação, Jurisprudência e Doutrina*, n. 6/94, p. 386.
68. Licença-maternidade da mãe adotiva. *Orientador Trabalhista Mapa Fiscal – Suplemento de Legislação, Jurisprudência e Doutrina*, n. 7/94, p. 419.
69. Medida cautelar satisfativa. *Jornal do 6º Congresso Brasileiro de Direito Processual do Trabalho*, promovido pela LTr nos dias 25 a 27-7-1994, p. 58.
70. Estabelecimento prestador do ISS. *Suplemento Tributário LTr*, n. 35/94, p. 221.
71. Turnos ininterruptos de revezamento. *Orientador Trabalhista Mapa Fiscal – Suplemento de Legislação, Jurisprudência e Doutrina*, n. 8/94, p. 468.
72. Considerações em torno do novo Estatuto da OAB. *Repertório IOB de Jurisprudência*, n. 17/94, set. 1994, p. 291, texto 2/9269.
73. Diárias e ajudas de custo. *Orientador Trabalhista Mapa Fiscal – Suplemento de Legislação, Jurisprudência e Doutrina*, n. 9/94, p. 519.
74. Reajustes salariais, direito adquirido e irredutibilidade salarial. *Orientador Trabalhista Mapa Fiscal – Suplemento de Legislação, Jurisprudência e Doutrina*, n. 10/94, p. 586.
75. Os serviços de processamento de dados e o Enunciado n. 239 do TST. *Orientador Trabalhista Mapa Fiscal – Suplemento de Legislação, Jurisprudência e Doutrina*, n. 11/94, p. 653.

Sumário

Trabalhos do Autor			VII
Nota do Autor			XV
1	**História do Direito**		**1**
	1.1	Introdução	1
	1.2	Evolução histórica	2
		1.2.1 Idade Antiga	2
		1.2.2 Idade Média	8
		1.2.3 Idade Moderna	9
	1.3	Brasil	10
		Questionário	14
2	**Conceito de Direito**		**15**
	2.1	Etimologia	15
	2.2	Denominação	16
	2.3	Conceito	16
	2.4	Distinção	20
	2.5	Classificações	22
	2.6	Características	23
		Questionário	25
3	**Direito objetivo e Direito subjetivo**		**27**
	3.1	Direito objetivo	27
	3.2	Direito subjetivo	27

		3.2.1	Conceito	27
		3.2.2	Natureza	27
		3.2.3	Classificações	29
			Questionário	31

4 Relações com outras ciências 33

    4.1 História 33
    4.2 Sociologia 33
    4.3 Filosofia 34
    4.4 Economia 35
    4.5 Moral 35
    4.6 Ciência Política 35
    4.7 Medicina Legal 36
    4.8 Psicologia 36
    4.9 Criminologia 37
        Questionário 37

5 Fontes do Direito 39

    5.1 Introdução 39
    5.2 Constituições 42
    5.3 Lei 43
         5.3.1 Etimologia 43
         5.3.2 Conceito 43
         5.3.3 Classificação 45
         5.3.4 Formação das leis 46
    5.4 Atos do Poder Executivo 50
    5.5 Disposições contratuais 52
         5.5.1 Convenção coletiva de trabalho 53
    5.6 Usos e costumes 54
    5.7 Jurisprudência 58
    5.8 Doutrina 59
    5.9 Hierarquia 60
        Questionário 62

6 Interpretação das normas de Direito 63

    6.1 Conceito 63
    6.2 Espécies 64
    6.3 Hermenêutica 69
         6.3.1 Conceito 69
         6.3.2 Glosadores 69

	6.3.3	Escola da Exegese	69
	6.3.4	Escola Histórica	70
	6.3.5	Escola do Direito livre	70
	6.3.6	Escola da livre investigação científica	71
	6.3.7	Escola dos Pandectistas	73
	6.3.8	Escola da jurisprudência de interesses	73
	6.3.9	Escola da jurisprudência sociológica norte-americana	74
	6.3.10	Escola da jurisprudência de valores	74
	6.3.11	Escola do Direito Positivo	74
	6.3.12	Escola Teológica	74
	6.3.13	Psicologia social	75
	6.3.14	Culturalismo jurídico	75
	Questionário		77

7 Integração da norma ... 79

- 7.1 Introdução ... 79
- 7.2 Analogia ... 80
- 7.3 Equidade ... 82

8 Eficácia da norma ... 85

- 8.1 Conceito ... 85
- 8.2 Espécies ... 86
- 8.3 Eficácia no tempo ... 86
  - 8.3.1 Direito adquirido ... 88
  - 8.3.2 Coisa julgada ... 96
- 8.4 Eficácia no espaço ... 99
- *Questionário* ... 99

9 Princípios do Direito ... 101

- 9.1 Conceito genérico de princípio ... 101
- 9.2 Conceito de princípio para o Direito ... 103
  - 9.2.1 Conceito de princípio ... 103
  - 9.2.2 Distinções ... 105
    - 9.2.2.1 Diferença entre princípio e norma ... 105
    - 9.2.2.2 Diferença entre princípio e regra ... 106
    - 9.2.2.3 Diferença entre princípios e diretrizes ... 110
    - 9.2.2.4 Diferença entre princípios e peculiaridades ... 110
    - 9.2.2.5 A Constituição de 1988 ... 110
    - 9.2.2.6 Considerações gerais ... 111

- 9.3 Função dos princípios ... 112
- 9.4 Classificação ... 114
- 9.5 Princípios gerais ... 114
  - 9.5.1 Introdução ... 114
  - 9.5.2 Princípios gerais de Direito ... 115
  - *Questionário* ... 117

10 Direito e norma jurídica ... 119
- 10.1 Conceito ... 119
- 10.2 Distinção ... 119
- 10.3 Classificação ... 120
  - *Questionário* ... 126

11 Sistema e Direito ... 127
- 11.1 Conflito de normas ... 131
- 11.2 Lacunas ... 134
  - *Questionário* ... 135

12 Ramos do Direito ... 137
- 12.1 Introdução ... 137
- 12.2 Direito Público ... 139
  - 12.2.1 Direito Constitucional ... 139
  - 12.2.2 Direito Econômico ... 140
  - 12.2.3 Direito Administrativo ... 141
  - 12.2.4 Direito Financeiro ... 142
  - 12.2.5 Direito Tributário ... 142
  - 12.2.6 Direito Penal ... 143
  - 12.2.7 Direito da Seguridade Social ... 145
  - 12.2.8 Direito Ambiental ... 146
  - 12.2.9 Direito Eleitoral ... 146
  - 12.2.10 Direito Processual ... 146
  - 12.2.11 Direito Internacional Público ... 147
- 12.3 Direito Privado ... 148
  - 12.3.1 Direito Civil ... 148
  - 12.3.2 Direito Comercial ... 150
  - 12.3.3 Direito do Trabalho ... 152
  - 12.3.4 Direito Internacional Privado ... 155
- 12.4 Direito Misto ... 158
  - *Questionário* ... 159

Referências ... 161

Índice Remissivo ... 167

Nota do Autor

A ideia de estudar Introdução ao Estudo do Direito vem da elaboração do livro *Teoria Geral do Estado*.

Já havia escrito o capítulo de Teoria do Direito do meu livro *Instituições de Direito Público e Privado*. O referido capítulo não iria servir como um livro, mas serviu de base para ir ampliando o estudo da Teoria do Direito.

Alguns aspectos também já haviam sido estudados no livro *Pluralismo do Direito do Trabalho*. Foram aproveitados e mais bem estudados.

Certos livros que consultei são bons, mas são apresentados sob o ângulo da Filosofia do Direito. São livros de difícil compreensão para o aluno de primeiro ano, que não teve ainda Filosofia do Direito. O autor apresenta apenas a sua posição, mas deveria apresentar outras classificações, que o aluno precisa conhecer. Depois poderia dizer se a posição do autor estava certa ou errada.

Outros livros não são didáticos. Há uma exposição muito desordenada, em que o início está do meio para o fim etc. A História do Direito é um dos últimos capítulos.

Pretendi neste livro ser o mais objetivo possível, indo direto ao ponto analisado, apresentando uma exposição didática ao leitor.

O livro é uma introdução, e não um tratado sobre Direito. São noções básicas de cada tema.

Gaston May faz menção a Introdução à Ciência do Direito[1]. Na verdade, será estudada a teoria da ciência (epistemologia), a Teoria do Direito, e não da ciência do Direito.

Zitelmann dizia que a matéria não deveria ser lecionada em conjunto com outras matérias. O curso de Direito deveria se iniciar somente com a Introdução ao Estudo do Direito.

A matéria também é encontrada com a denominação Teoria Geral do Direito. Toda a teoria é geral. Então seria mais correto falar em Teoria do Direito ou, como se usa nas faculdades, o nome de Introdução ao Estudo do Direito.

O Autor

---
[1] MAY, Gaston. *Introduction à la Science du Droit*. Paris: Marcel Giard, 1932.

1
História do Direito

1.1 Introdução

Ao se examinar o Direito, há necessidade de lembrar de sua gênese e de seu desenvolvimento no decorrer do tempo, como também dos novos conceitos e instituições que foram surgindo com o passar dos anos.

O Direito tem uma realidade histórico-cultural, não admitindo o estudo de quaisquer de seus ramos sem que se tenha noção de seu desenvolvimento dinâmico no transcurso do tempo.

À luz da história, é possível compreender com mais acuidade os problemas atuais. A concepção histórica mostra como foi o desenvolvimento de certa disciplina, além das projeções que podem ser alinhadas com base no que se fez no passado, inclusive no que diz respeito à compreensão dos problemas atuais. Não se pode, portanto, prescindir de seu exame. É impossível ter o exato conhecimento de um instituto jurídico sem se fazer seu exame histórico, pois se verificam suas origens, sua evolução, os aspectos políticos ou econômicos que o influenciaram.

Ao analisar o que pode acontecer no futuro, é preciso estudar e compreender o passado, estudando o que ocorreu no curso do tempo. Heráclito já dizia: "o homem que volta a banhar-se no mesmo rio, nem o rio é o mesmo rio nem o homem é o mesmo homem". Isso ocorre porque o tempo passa e as coisas não são exatamente iguais ao que eram, mas precisam ser estudadas para se compreender o futuro. Para fazer um estudo sobre o que pode acontecer no futuro, é necessário não perder de vista o passado. Não se pode romper com o passado, desprezando-o. Segundo as lições de Waldemar Ferreira, "nenhum jurista pode dispensar o contingente do passado a fim de bem compreender as instituições jurídicas dos dias atuais"[1].

É impossível compreender o Direito sem conhecer seu passado. O Direito tem característica dinâmica, pois vai evoluindo no curso do tempo, seja por questões políticas, econômicas, sociais etc.

Geralmente, o tema é estudado na matéria História do Direito, que se preocupa com a evolução do Direito no tempo, mostrando suas principais causas, suas mudanças e transformações. Permite a compreensão do Direito no presente tomando por base a evolução dos fatos do passado. Outra parte pode ser encontrada no Direito Romano, pois o Direito brasileiro é originário do Direito Romano.

1.2 Evolução histórica

Neste tópico, serão mencionadas as normas mais importantes no âmbito mundial, sendo que muitas influenciaram outras legislações.

História é o conjunto de acontecimentos do passado da humanidade.

1.2.1 *Idade Antiga*

Muitas vezes os costumes eram muito mais importantes, pois não havia regras para disciplinar condutas. Num empréstimo entre pessoas, o animal ou objeto emprestado deveria estar presente quando estava sendo fechado o contrato. Hoje, isso não ocorre.

O Direito na Antiguidade tinha característica religiosa. Os sacerdotes eram os juristas. O ilícito se confundia com o pecado. Uma dívida não paga era considerada pecado. O devedor era sacrificado. Eram feitos os julgamentos de Deus, as Ordálias, como a prova do fogo, do veneno, do duelo.

O Código de Ur-Namur é o mais antigo. Foi descoberto em 1952. É chamado de "tabuinha de Istambul".

O Direito vai surgindo com as famílias e depois passa para o Estado.

O Rei Salomão tinha 700 esposas e 300 concubinas.

Poligenia é quando um homem tem várias mulheres. Poliandria é quando uma mulher tem vários homens.

O Alcorão permite ao homem ter quatro esposas.

---

[1] FERREIRA, Waldemar. *História do direito brasileiro*. São Paulo: Saraiva, 1962, v. 1, p. 1.

Egito

No Egito, os faraós legislavam por decretos, mas também eram usados os costumes. Havia a crença da vida após a morte.

Eram celebrados contratos nos quais uma pessoa era obrigada a levar oferendas periódicas ao túmulo da pessoa que morresse primeiro.

O casamento era considerado um contrato, em que a mulher conservava seus bens. Era permitido o divórcio, mas apenas o marido poderia obtê-lo. Somente nos Ptolemeus é que o divórcio era direito de ambos os cônjuges.

O crime de homicídio era punido com a morte. O adultério era punido com mutilações. O crime de furto era punido com a escravidão ou mutilações, como corte da língua, das mãos.

Código de Hamurabi

O Código de Hamurabi foi criado pelo rei Hamurábi, na primeira dinastia babilônica, aproximadamente em 1772 a.C. Os babilônicos acreditavam que Hamurábi recebeu tal código do deus Sol (Shamash). O deus Sol teria confiado a estrela a Hamurábi, tornando-se ele rei do direito. Tinha a missão de decidir por equidade e "disciplinar os maus e os mal-intencionados e impedir que o forte oprima o fraco".

É baseado na lei de talião: "olho por olho, dente por dente".

As 281 normas foram talhadas numa rocha de diorito de cor escura. Nela está inserido todo o ordenamento jurídico da cidade, como organização judiciária, direito penal, processual, contratos, casamento, família, sucessões, direito de propriedade. São julgados ou situações acompanhadas de decisões.

Eram enunciadas hipóteses: "A esposa que mandar assassinar o marido por gostar de outro homem será empalada". "Quando um filho disser a seu pai vós não sois meu pai, deverá ser marcado a ferro em brasa com o sinal dos escravos, acorrentado e vendido."

Os contratos eram celebrados por escrito.

A mulher, "se tem razões justas, terá direito de retomar o seu dote e de regressar à casa paterna. Mas, se for culpada, deve ser lançada à água".

O roubo era punido com a pena de morte. Furtos de menor valor eram punidos com a amputação das mãos do ladrão ou o pagamento de multa. O rapto era punido com a pena de morte.

A justiça era exercida pelos sacerdotes (juízes do templo). Depois que Hamurábi faleceu, a justiça era exercida por juízes civis.

> Se um homem negligenciar a fortificação do seu dique, se ocorrer uma brecha e o cantão inundar-se, o homem será condenado a restituir o trigo destruído por sua falta. Se não puder restituí-lo, será vendido, assim como seus bens, e as pessoas do cantão de onde a água arrebatou o trigo repartirão entre si o produto da venda.

"Se um homem alugar um boi ou um asno, e se no campo o leão matar o gado, é o proprietário do gado quem sofrerá a perda."

"Se um homem bater em seu pai, terá as suas mãos cortadas." Isso já mostrava a autoridade do pai na família.

"Se um homem furar o olho de um homem livre, ser-lhe-á furado um olho."

"Se um homem furar o olho de um homem livre, tratar da ferida grave de outro homem, com punção de bronze, e se ele morrer, terá as mãos decepadas."

"Se um arquiteto construir para outrem uma casa e não a fizer bastante sólida, se a casa ruir, matando o dono, o arquiteto será morto. Se o morto for o filho do dono da casa, deverá ser morto o filho do arquiteto."

Se "alguém penetra por arrombamento numa casa, terá de morrer e o seu corpo deverá ser enterrado no próprio lugar do arrombamento".

Se "alguém levar à força a filha de outrem, contra a vontade do pai e da mãe, e tem relações sexuais com a sua vítima, é ladrão e deve ser condenado à morte".

Quando "a esposa é surpreendida com outro homem, serão ambos acorrentados e lançados ao rio, salvo se o marido a perdoar e o rei ao seu súdito".

A "mulher que odiar o marido e lhe disser tu não és meu marido deve ser lançada no rio, de pés amarrados ou atirada do alto da torre da muralha".

Se "um homem der a um jardineiro um campo para ser transformado em pomar, se o jardineiro plantar o pomar e dele cuidar durante quatro anos, no quinto ano o pomar será repartido igualmente entre o proprietário e o jardineiro; o proprietário poderá escolher a sua parte".

Atualmente, o Código de Hamurabi está no Museu do Louvre, em Paris.

Hebraica

As leis de Israel continham matéria jurídica, mas também regras morais e religiosas. Os hebreus entendiam que havia origem divina.

O Deuteronômio era o "Livro da Lei encontrado na casa de Yahvé (Jeová), pelo sumo-sacerdote".

Era proibido o casamento com estrangeiros, pois havia a proteção do povo eleito.

Era vedado o empréstimo a juros entre as pessoas do país.

Seus preceitos tinham característica ética: "Quando teu inimigo tomba não te alegres". "Teu inimigo tem fome dá-lhe de comer; se tem sede, dá-lhe água para beber."

Dispõe o Deuteronômio: "Não oprimirás mercenário pobre e indigente, seja ele um de teus irmãos ou um dos estrangeiros que permanecem em teu país, às tuas portas. Dá-lhe o salário de sua jornada antes do pôr do sol, porque ele é pobre e tem pressa de recebê-lo".

Eram previstos os contratos de venda e compra, de empréstimo, de locação de coisas e serviços e o depósito.

Não se permitia a vingança privada. "Eu (Deus) vingarei a vida do homem da mão do homem, e da mão do seu irmão, que o matou. Quem derrama o sangue do homem será punido pela efusão do seu próprio sangue, porque o homem foi criado à imagem de Deus."

O sedutor paga importância igual à do dote da vítima seduzida.

Marido e mulher tinham os mesmos direitos. O marido administrava os bens da mulher, mas, se o casamento fosse dissolvido, os bens retornavam à mulher.

O filho mais velho recebia com a morte do pai mais do que os demais filhos. Era o que se chamava direito da primogenitura.

Ninguém era condenado pelo testemunho de apenas uma pessoa.

O homicídio não era punido antes de serem ouvidas testemunhas.

Ricos e pobres estavam sujeitos às mesmas sanções.

Código de Manu

O Código de Manu é parte de uma coleção de livros bramânicos: o Mahabharata, o Ramayana, os Puranas e as Leis Escritas de Manu. Inscrito em sânscrito. É a legislação indiana, estabelecendo o sistema de castas na sociedade Hindu. Foi redigido entre os séculos II a.C. e II d.C. em forma poética, em versos. Cada regra consta de dois versos. Nas edições atualmente conhecidas constam 2.685 dísticos distribuídos em doze livros.

O contrato de venda e compra era irrevogável decorridos três dias.

Admitia a prova das Ordálias e a testemunhal.

Havia veneração pela mulher: "Não se bate em uma mulher nem mesmo com uma flor, qualquer que seja a falta por ela cometida".

A viúva ficava sob a tutela do filho mais velho. Se fosse solteira, ficava sob a autoridade do pai. Se fosse casada, sob a autoridade do marido.

Grécia antiga

As leis eram consideradas sagradas.

Não havia exatamente um direito grego, mas um direito das cidades.

As Leis e Constituições de Drácon, na Grécia, em 621 a.C., estabeleciam o fim da solidariedade familiar e determinavam o recurso aos tribunais nas disputas entre clãs. Havia pena de morte.

As Leis de Solon, 594-3 a.C., extinguem a propriedade dos clãs e suprimem a servidão por dívidas. A pena seria aplicada em razão da gravidade do delito.

O casamento era monogâmico, mas o concubinato era tolerado.

O adultério do marido não tinha pena, mas a mulher era severamente punida.

A mulher era considerada incapaz, pois ficava sob a tutela do pai, do marido ou do filho mais velho.

O pai escolhia o marido para a filha.

No Direito Público, as leis eram consideradas sagradas, as tradicionais (Thesmoi) e as históricas (Nomoi). A lei era imposta a todos, de forma igual e uniforme, seja para governantes ou para governados.

A Justiça era o bem da *polis*.

Direito Romano

Os romanos distinguiram o Direito da moral e da religião.

Inicialmente, o Direito era conhecido pelos sacerdotes patrícios.

O Direito que era próprio dos romanos foi estendido aos estrangeiros. É o que se chama de *jus gentium*, de Direito das gentes.

A Lei das XII Tábuas (*Lex duodecim tabularum*) foi redigida no período republicano de Roma, por volta de 450 a.C. Foi gravada em duas tábuas de bronze e fixada no fórum. A ideia era reduzir a escrito disposições que antes eram interpretadas pelos pontífices ou guardadas pelos patrícios. Afastava o Direito da religião. Impunha a Lei de Talião ("olho por olho, dente por dente").

Em 367 a.C., o pretor (*praetor*) indicava qual era a ação cabível, a produção das provas. Era julgada por um árbitro (*iudex privatus*).

Dos éditos do *praetor urbanus* (pretor da cidade) surgiu o *ius civilis* (direito do cidadão romano).

Em 242 a.C., os éditos do *praetor peregrinus* (pretor para os estrangeiros) dirimiam os litígios entre estrangeiros e entre estes e os romanos. Daí nasce o *jus gentium*, que utilizava a equidade e não tinha formalismos.

Na época de Augusto (século I), a opinião dos juristas era chamada de fonte de todo o Direito. Era aplicada apenas aos cidadãos romanos.

Nos séculos II e III um jurista é que solucionava um caso não previsto em lei.

Os jurisconsultos em Roma eram juristas que emitiam pareceres que tinham força obrigatória em juízo. A partir daquele momento, a jurisprudência era levada em consideração e os costumes eram deixados para segundo plano.

Os pareceres foram codificados: Codex Gregorianus (295 d.C.), na época de Deocleciano; Codex Hermogenianus (314 d.C.), de Valeriano I; Codex Theodosianus, de Theodosiu II (438 d.C.).

O Código de Justiniano (527-565 d.C.) era a composição de quatro grandes livros. O Digesto (ou Pandectas) era chamado de *Digestorum seu Pandectarum*. "Digesto" significa distribuição ordenada de matérias. "Pandecta" vem do grego, com o sentido de compilação. Surgiu entre 530-533 d.C. Tinha fragmentos de parte de obras e pareceres dos jurisconsultos clássicos, composto de 50 livros. Instituições (*Institutiones seu Elementa*), de 533 d.C., tinha por fundamento as Instituições de Gaio e a obra de Ulpiano. Codex Justinianus (528-529 d.C.) era a compilação de codificações bizantinas, na sua maior parte de Direito Público. Novellae Leges foi a legislação baixada por Justiniano no âmbito do Direito de Família e Sucessões.

Em 1583, Dionísio Gotofredo deu o nome da Codificação de Justiniano de Corpus Juris Civilis.

A mulher era considerada incapaz, sendo dependente do pai.

O escravo era equiparado a coisa. Não tinha nenhum direito.

O casamento dependia do pai.

Os romanos reconheciam a posse (*possessio*) em relação a quem não tinha o domínio.

A posse mansa e pacífica poderia gerar o domínio por usucapião (*usucapio*).

O contrato, o delito (dano causado com intenção), o quase contrato e o quase delito (dano causado por culpa) eram considerados fontes de obrigações.

A escravidão por dívida foi substituída por trabalho forçado a favor do credor até o montante do débito.

No período de Cesar, a escravidão desapareceu, sendo os bens do devedor a responder por suas dívidas.

Com as invasões bárbaras, entraram novos usos e costumes na Europa, que eram os costumes dos germânicos.

1.2.2 Idade Média

A Idade Média ou Medieval compreende o período de 476 d.C., com a queda do Império Romano do Ocidente, até 1492, com o descobrimento da América por Cristóvão Colombo.

Havia pluralidade de ordens jurídicas, como o direito bárbaro, o direito dos senhorios, o direito das corporações de mercadores, o direito das cidades, o direito canônico. Em certos casos, havia mais de uma dessas normas em vigor no mesmo território.

No Direito germânico, as principais compilações eram: Lex Wisigothorum, dos godos, também chamada de Breviarum Alarici (506 d.C.), que era aplicada aos latinos no território dos godos (ela teve vigência até 654 d.C.); Lex Borgundionum, dos burgundos, no sudeste da França; Lex alamannorum, dos alemães; Lex Sálica, dos francos.

No Direito processual, eram admitidos os juízos de Deus, em que o culpado era apontado no duelo, na prova do veneno, do fogo, da água fervente.

Havia casamentos entre latinos e germânicos e negócios entre as referidas pessoas. Em matéria de família, era aplicada a lei do marido. Em se tratando de contratos, era observada a lei do devedor. Se a matéria era de propriedade, era aplicada a lei do proprietário. No Direito Penal, era aplicada a lei do acusado.

As cidades começavam a fazer muito comércio, como as cidades italianas de Veneza, Gênova, Florença, Pisa, Milão. O Direito dos comerciantes era a base na tradição e no costume. Os tribunais da cidade não o respeitavam. Foram criadas cortes das corporações, *Courts of piepowders* (tribunais dos pés poeirentos). Das convenções entre os comerciantes e dos costumes surgiu o Direito mercantil.

O Direito das cidades exigia que os cidadãos renunciassem aos seus direitos de origem, como o germano ou o romano. Foi feita a primeira compilação por meio do *Liber iurium republicae Januensis* de Gênova. Esse direito foi decorrência dos acordos feitos com os senhores feudais, pois as leis destes não resolviam as questões.

O sistema de direito jurisprudencial surgiu na Inglaterra por volta do século XII, com o estabelecimento dos juízes visitantes do rei, por Henrique II, em 1154. Suas decisões deram origem a um corpo de julgados uniformes (precedentes). A partir de 1800, vincularam tanto os juízes que os estabeleceram como os demais.

Os Glosadores de Bolonha, que escreviam à margem do Digesto de Justiniano, trouxeram no século XII o renascimento do Direito Romano na Idade Média.

Graciano, no século XII, compilou o direito da Igreja, mediante vários decretos, chamado de Decreto de Graciano. Tinha o título de *Concordia discodantium canonum*, de 1140. Graciano adotou o método dos casos, solucionando-os com fundamento em ideias pessoais, no Direito Romano e na autoridade da Igreja.

A Magna Carta ou *Magna Charta Libertatum* foi editada em 1215. Era a concórdia entre o rei João e os barões para a outorga das liberdades da Igreja e do rei inglês. Ela limitou os poderes dos reis da Inglaterra. É resultante dos desentendimentos entre o rei João, o Papa e os barões ingleses sobre as prerrogativas do soberano. A vontade do rei deveria estar sujeita à previsão legal, como de exigir tributos previstos em lei. A Magna Carta pode ser considerada o primeiro passo para o surgimento do constitucionalismo.

Gregório IX criou a *Decretali*, entre 1230 e 1234, que versava sobre processo, casamento, delitos, clero.

O Concílio de Basileia (1431-1443) era chamado de *Corpus iuris canonici*. *Corpus* era, na época, o conjunto de documentos. Cânones eram as normas determinadas pela Igreja. O Concílio fez a revisão do decreto de Graciano. Teve grande influência no Direito de Família, de acordo com a moral da Igreja.

As Ordenações eram as ordens do rei. Isso ocorreu na Espanha, na França e em Portugal. As Ordenações Alfonsinas foram publicadas por D. Afonso V em 1446. As Ordenações Manuelinas foram editadas no reinado de D. Manuel (1512-1521). Quando Portugal passou para o domínio da Espanha, foram editadas as Ordenações Filipinas (1603).

O Jusnaturalismo ou Direito Natural sustenta a existência de leis naturais, imutáveis e universais. Na Idade Média, o Direito Natural tinha fundamento teológico na vontade divina. Santo Tomás de Aquino, no século XIII, afirma na *Suma teológica* a existência da lei eterna, que é supra. Apenas Deus a conhece na sua plenitude. Abaixo dela estaria a lei divina, que é a parte da lei eterna revelada por Deus, a lei natural, que seria decorrente da natureza humana. Depois estaria a lei humana, que é a proveniente do legislador.

O Direito moderno sofre a influência do Direito Canônico, dos costumes mercantis do mediterrâneo e do Direito Natural.

1.2.3 Idade Moderna

No século XVII, o jusnaturalismo deixa de ter fundamento teológico para ser baseado na razão humana. Grotius expressa o Direito Natural com fundamento na reta razão. Pudendorf (1632-1694) entende que o Direito Natural é reconhecido pela razão natural, por ser inerente à razão humana, mas afirma que o Direito Natural é criado por Deus. John Locke (1632-1704) entende que as leis naturais estão na mente humana, na natureza e podem ser conhecidas por meio da razão. Os direitos naturais não podem ser desrespeitados pelo estado civil, que é criado para a sua proteção. Thomas Hobbes (1588-1679) afirma que o estado de natureza humano permite a liberdade de forma ampla, sem limites.

Colbert, na França, em 1674, redigiu o *Edit de Louis XIV*, que era um regramento para o comércio dos negociantes e mercadores a grosso e a retalho.

A primeira Constituição é a dos Estados Unidos de 1787. Instituiu o presidencialismo como forma de governo e o federalismo como forma de Estado.

Rousseau considerava a lei a expressão da vontade geral (*O contrato social*). O Direito é a lei, porque seria a única expressão da vontade geral. O costume não poderia prevalecer sobre a lei. A lei encarnaria os imperativos da razão. Essas ideias são os fundamentos para a Revolução Francesa de 14 de julho de 1789. Deveria haver um Direito único para toda a nação, porque todos são iguais.

Foram editados alguns códigos na Europa, como o *Codex Maximilianeus bavaricus civilis* (Reino da Baviera, 1756), o *Allgemeines Landrecht* (Reino da Prússia, 1792), o Código Galiciano Ocidental, pois a Galícia pertencia à Áustria em 1797. Este foi um código que influenciou outros sistemas legais dos países.

O *Code Civil des Français*, de 1804, é obra de comissão integrada por Portalis e na qual houve grande influência de Napoleão. Foi redigido por 14 membros, sob a direção de Portalis. Entrou em vigor em 21 de março de 1804. Em 1807 foi chamado de *Code Napoléon*. Tratava de regular os direitos das pessoas, dos bens e a aquisição de propriedade. A partir daí, houve a sistematização do Direito num único diploma. Tem fundamento nos princípios da liberdade contratual, da propriedade como direito absoluto, da responsabilidade civil com fundamento na culpa provada pela vítima. Tinha característica individualista.

O Código Civil alemão entrou em vigor em 1º de janeiro de 1900. É chamado de *Bügerliches Gesetzbuch* (BGB). Era um código que tinha linguagem técnica.

O Código Civil suíço foi promulgado em 1912.

1.3 Brasil

A legislação brasileira tem inspiração na legislação portuguesa, em razão da colonização, tanto que inicialmente eram usadas as leis portuguesas para reger as relações no Brasil.

As Ordenações Afonsinas tiveram vigência entre 1500 e 1514. Foram elaboradas nos reinados de João I, D. Duarte e Afonso V. Em razão de terminarem no reinado de Afonso V, foram chamadas de Ordenações Afonsinas. Tinham cinco livros, compreendendo direito penal, direito civil, direito comercial, organização judiciária, competências, relações da Igreja com o Estado, processo civil e comercial.

As Ordenações Manuelinas (1514-1603) eram a compilação de um grande número de leis e atos modificadores das Ordenações Afonsinas. Os compiladores foram Rui Boto, Rui da Grã e João Cotrim.

As Ordenações Filipinas tiveram vigência no Brasil de 1603 a 1916. A compilação é do tempo do domínio espanhol em Portugal. Foram elaboradas por Paulo Afonso, Pedro Barbosa, Jorge de Cabedo, Damião Aguiar, Henrique de Sousa, Diogo da Fonseca e Melchior do Amaral. Os trabalhos começaram no reinado de Felipe I (1581-1598) e terminaram em 1603, no reinado de Felipe II (1598-1621). As Ordenações Filipinas não atendiam às necessidades do Brasil, daí terem sido elaboradas várias leis extravagantes, que não integravam as Ordenações.

A Lei da Boa Razão foi promulgada em 18 de agosto de 1769. Estabeleceu regras para a interpretação das leis. Em caso de lacuna, era aplicado o Direito Romano, desde que fosse compatível com a boa razão.

As regras de Direito Civil das Ordenações Filipinas foram alteradas e atualizadas. Foram compendiadas na Consolidação das Leis Civis de Teixeira de Freitas e tiveram vigência até 1916. Costuma-se dizer que a consolidação de leis precede o Código.

Nossa primeira Constituição é a imperial de 1824, que foi outorgada por D. Pedro I. Havia a monarquia constitucional hereditária. Os poderes eram divididos em Legislativo, Executivo e Judiciário, coordenados pelo Poder Moderador do Imperador. Foi instituído o sistema bicameral, do Senado e da Câmara dos Deputados.

O Código Comercial foi estabelecido pela Lei n. 556, de 25 de junho de 1850, que era o projeto de José Clemente Pereira. Foi revogada a primeira parte do Código pela Lei n. 10.406/2002 (Código Civil atual), que são os arts. 1º a 456. Continua o Código Comercial a tratar de embarcações, fretamento delas, seguro marítimo.

A Constituição da República de 1891 implantou a República e o presidencialismo.

O primeiro Código Civil é a Lei n. 3.071, de 1º de janeiro de 1916. Foi projetado inicialmente por Clóvis Beviláqua, mas teve alterações no Congresso Nacional. Tinha a característica de uma época patriarcal e rural. Seus pilares eram a família, a propriedade e o contrato. Entrou em vigor em 1º de janeiro de 1917.

O Código Criminal do Império é de 16 de dezembro de 1830. O Decreto n. 847, de 11 de outubro de 1890, estabelece o Código Penal da República. O atual Código Penal é o Decreto-Lei n. 2.848, de 7 de dezembro de 1940. Tem oito títulos sobre regras gerais e a Parte Especial tem onze títulos. A Lei das Contravenções Penais é o Decreto-Lei n. 3.688, de 3 de outubro de 1941.

A Lei de 29 de novembro de 1832 promulgou o Código de Processo Criminal de primeira instância. O Código de Processo Penal atual, que foi redigido por Francisco Campos, é o Decreto-Lei n. 3.689, de 3 de outubro de 1941. Ele adota um sistema acusatório. A Lei n. 7.210, de 11 de julho de 1984, institui a Lei de Execução Penal.

A terceira Lei Maior foi a Constituição da República dos Estados Unidos do Brasil, de 16 de julho de 1934. É fruto da Revolução Constitucionalista de 1932. Teve como influência a Constituição de Weimar de 1919.

A quarta Norma Magna foi editada por ocasião do golpe de Getúlio Vargas e da instituição do Estado Novo, em 10 de novembro de 1937, denominada Constituição dos Estados Unidos do Brasil. Foi elaborada por Francisco Campos, inspirado na Constituição Polonesa, no regime fascista de Mussolini, no Estado Novo português e talvez na Constituição Estadual do Rio Grande do Sul de 1890, em que são encontrados aspectos corporativistas. O Poder Executivo passa a funcionar como legislador, pois o presidente da República legislava por decreto-lei, depreciando a função do Poder Legislativo. O poder ficou centralizado em Getúlio Vargas. A Constituição de 1937 era conhecida popularmente como Polaca, em razão da forte influência da Carta constitucional autoritária da Polônia, de 1935.

A quinta Lei Maior foi a Constituição dos Estados Unidos do Brasil, de 18 de setembro de 1946, também conhecida como democrática, pois foi votada.

O Código de Processo Civil foi decretado por Getúlio Vargas, por meio do Decreto-Lei n. 1.608, de 18 de setembro de 1939. Teve exposição de motivos de Francisco Campos.

O Decreto-Lei n. 4.657, de 4 de setembro de 1942, estabeleceu a Lei de Introdução ao Código Civil Brasileiro. A Lei n. 12.376/2010 deu nova denominação à regra: Lei de Introdução às normas do Direito brasileiro, isso porque não introduz apenas ao Código Civil, mas serve de base para outras normas, até mesmo de Direito Internacional Privado.

A Consolidação das Leis do Trabalho (CLT) foi editada pelo Decreto-Lei n. 5.452, de 1º de maio de 1943. Trata dos direitos do empregado, de um modo geral, mas há outras leis que estabelecem direitos trabalhistas, como: a Lei n. 605/49 (repouso semanal remunerado), Lei n. 6.019/74 (trabalho temporário e terceirização), Lei n. 8.036/90 (FGTS) etc. Não temos um Código de Processo do Trabalho, mas a matéria é prevista nos arts. 643 a 910 da CLT e em pequenas leis esparsas (Decreto-Lei n. 779/69, Lei n. 5.584/70).

O Código Tributário Nacional (CTN) foi instituído pela Lei n. 5.172, de 25 de outubro de 1966. Estabelece regras gerais do Sistema Tributário Nacional e versa sobre os impostos de renda etc., taxa (art. 77) e contribuição de melhoria (art. 81). É recebida com natureza de lei complementar.

A sexta Lei Maior foi a Constituição da República Federativa do Brasil, de 24 de janeiro de 1967. Foi editada por ocasião do regime militar e do golpe militar de 1964.

A Emenda Constitucional n. 1, de 17 de outubro de 1969, não é exatamente uma Constituição, mas uma emenda constitucional. Na prática, acaba sendo uma Constituição, pois alterou toda a Constituição de 1967.

O segundo Código de Processo Civil foi a Lei n. 5.869, de 11 de janeiro de 1973. Foi idealizado por Alfredo Buzaid, mas sofreu alterações no Congresso Nacional.

A Constituição de 5 de outubro de 1988 foi votada. Tem 250 artigos e mais o Ato das Disposições Constitucionais Transitórias. É uma Constituição maior e mais ampla que as anteriores. Foi inspirada, em parte, nas Constituições portuguesa e italiana e no que havia de mais moderno na época.

O Estatuto da Criança e do Adolescente (ECA) foi criado pela Lei n. 8.069, de 13 de julho de 1990.

O Código de Defesa do Consumidor (CDC) é a Lei n. 8.078, de 11 de setembro de 1990. Disciplina as relações de consumo.

A Lei n. 8.212, de 24 de julho de 1992, estabeleceu a organização da Seguridade Social e o seu plano de custeio. A Lei n. 8.213, da mesma data, dispõe sobre o Plano de Benefícios da Previdência Social.

O segundo Código Civil é a Lei n. 10.406, de 10 de janeiro de 2002. Tramitou no Congresso Nacional desde a década de 1970. Um de seus redatores foi Miguel Reale. Muitos dispositivos são baseados no Código Civil italiano de 1942, tentando unificar o Direito Privado num único dispositivo normativo.

O terceiro Código de Processo Civil é a Lei n. 13.105, de 16 de março de 2015.

Questionário

1. Qual é a norma mais antiga?
2. O que é o Código de Hamurabi?
3. Qual é a Constituição brasileira atual? Ela é baseada em normas?

2
Conceito de Direito

2.1 Etimologia

"Direito" vem do latim *directu* (*m*), acusativo singular da forma participial adjetiva *directus, a, um*. Tem o significado de colocado em linha reta, alinhado, direito, reto, da qualidade do que é conforme a regra. De *rectum* ou da palavra indoeuropeia *rek-to* deu-se a derivação *Recht*, no alemão; *right*, em inglês. De *derectum* derivou direito, *derecho, diritto, droit*[1].

"Jus" vem da raiz sânscrita *ju*, que tem sentido de ligar. É também encontrada no verbo *jubere*, ordenar, que significa conformidade com a regra.

Para os gregos, a deusa Diké, filha de Zeus e Themis, ficava com uma espada na mão direita e com uma balança, com dois pratos, mas sem o fiel no meio. Aparecia em pé, com os olhos abertos. Declarava existir o justo quando os pratos estavam em equilíbrio (*íson*). Desta palavra vem "isonomia". O justo ou o direito era visto como igual.

Para os romanos, a deusa Iustitia era a que distribuía justiça por intermédio da balança, com dois pratos e o fiel no meio. Ela ficava em pé, com os olhos vendados e segurava o prato com as duas mãos. Declarava o direito (*jus*) quando o fiel estava completamente vertical: direito (*rectum*), de estar perfeitamente reto, reto de cima a baixo (de + *rectum*)[2].

---

[1] CRUZ, Sebastião. *Jus derectum (directum)*. Coimbra: Coimbra Editora, 1971.
[2] FERRAZ JR., Tercio Sampaio. *Introdução ao estudo do direito*. 8. ed. São Paulo: Atlas, 2015, p. 12.

São encontrados vários significados para a palavra *Direito*, como norma, lei, regra, faculdade, o que é devido à pessoa, fenômeno social etc.

"Direito" pode ter o significado de justo ou de justiça.

2.2 Denominação

Initium doctrinae sit consideratio nominis. O estudo de determinado tema deve-se iniciar pela sua denominação.

O Direito tem várias denominações em cada língua. Em espanhol, fala-se *derecho*. Em italiano, *diritto*. Em francês, *droit*. Em inglês, *law*. Em alemão, *Recht*.

2.3 Conceito

É difícil determinar o conceito de certo instituto, pois os conceitos nem sempre são aceitos unanimemente. Os romanos usavam a máxima *definitio periculosa est*. Entretanto, os conceitos são necessários para bem compreender-se o instituto em estudo. Há definições legais, que explicam certos conceitos que serão utilizados pela lei, como se observa no Código Tributário alemão, que em sua primeira parte traz conceitos explicativos sobre o que irá ser analisado mais adiante. O Código de Processo Civil em muitos casos também é didático, trazendo conceitos que são úteis no correto entendimento daquilo que o legislador pretende dizer. É claro que os conceitos podem ser discutidos, principalmente os legais, mas são úteis para a boa compreensão do que se está definindo, ainda que passíveis de crítica.

Estabelecer o conceito de um instituto é indicar o gênero próximo e a diferença específica[3].

Luís Alberto Warat mostra os requisitos de uma boa definição:

a) não deve ser circular;

b) não deve ser elaborada em linguagem ambígua, obscura ou figurada;

c) não deve ser demasiado ampla nem restrita;

d) não deve ser negativa quando puder ser positiva[4].

---

[3] Aristóteles afirmava que a definição deve indicar o gênero próximo e a diferença específica (*Definitio fit per genus proximum et differentiam especificam*).

[4] WARAT, Luís Alberto. *A definição jurídica*. Porto Alegre: Atrium, 1977, p. 6.

Afirma o mesmo autor que "as definições são das palavras que fazem referência aos objetos. Por intermédio das definições, o que se nos esclarece é o critério em função do qual a palavra pode ser aplicada a uma determinada classe de objetos"[5].

Conceituar é estabelecer limites do significado e sentido de cada palavra.

Muitas vezes, diz-se que o conceito de Direito deve ser elaborado pela Filosofia do Direito, que pode fazer as críticas necessárias para esse fim.

Aristóteles mencionava que o homem é um animal político (*zoon politicon*), destinado a viver em sociedade. Assim, havia necessidade de regras para que pudesse viver em harmonia, evitando a desordem.

Celso, no Direito Romano, dizia que o Direito é a arte do bom e do equitativo (*ius est ars boni et aequi*).

Charles Aubry e Charles Rau afirmam que o Direito "é o conjunto de preceitos ou regras, a cuja observância podemos obrigar o homem por uma coerção exterior ou física"[6].

Miguel Reale menciona que o direito é "a vinculação bilateral atributiva da conduta para a realização ordenada dos valores de convivência"[7].

Direito é o conjunto de princípios, de regras e de instituições destinado a regular a vida humana em sociedade.

É preciso analisar os elementos desse conceito.

O Direito representa um conjunto, pois é composto de várias partes organizadas, formando um todo, um sistema.

Tem o Direito princípios próprios, como qualquer ciência, ainda que não seja exata. Exemplos são o princípio da boa-fé, razoabilidade, proporcionalidade etc.

Possui o Direito inúmeras regras. Algumas delas são compendiadas em códigos, como o Código Civil, o Código Tributário Nacional (CTN), o Código Comercial, o Código de Processo Civil (CPC), além de inúmeras leis esparsas.

As instituições são entidades que perduram no tempo. O Direito tem várias delas, como os sindicatos, os órgãos do Poder Judiciário, do Poder Executivo etc.

Há certos animais que vivem em sociedade, como as formigas e as abelhas. A abelha fora da colmeia acaba morrendo.

---

[5] WARAT, Luís Alberto. *A definição jurídica*. Porto Alegre: Atrium, 1977, p. 8.
[6] AUBRY, Charles; RAU, Charles. *Cours de droit civil français*. 6. ed. Paris: Marchal Billard, 1936, § 1º.
[7] REALE, Miguel. *Curso de filosofia do direito*. 6. ed. São Paulo: Saraiva, 1972, v. 2, p. 617.

O homem também vive em sociedade e, de um modo geral, não pode viver sem ela.

O objetivo do Direito é, porém, regular a vida humana em sociedade, estabelecendo, para esse fim, normas de conduta, que devem ser observadas pelas pessoas. Tem por finalidade a realização da paz e da ordem social, mas também vai atingir as relações individuais das pessoas. A sociedade não poderia subsistir sem ordem, sem regras de conduta.

O Direito é um meio para a realização ou obtenção de um fim, que é a Justiça.

O homem por natureza é um ser gregário. Vive em conjunto com os demais, necessitando de regras para regular essa situação. O Direito é fruto da convivência humana.

O ordenamento jurídico também tem função social, de reger as relações jurídicas para a convivência das pessoas.

A sanção no Direito existe para que a norma seja cumprida, quando a submissão não ocorre espontaneamente. Em relação a determinadas comunidades ou sociedades, se a pessoa não cumpre suas regras, é desprezada e rejeitada por seus componentes, porém pode não haver imposição de sanção.

O importante não é se o Direito tem ou não coação ou sanção pelo descumprimento da norma, de forma a torná-la coercitiva, mas se ela é cumprida, o que pode ser feito espontaneamente pela pessoa, sem que exista a sanção.

A sanção pode ser a pena estabelecida na lei pelo cometimento de um crime; pode ser a invalidade do negócio jurídico em razão de vícios.

Existem sanções premiais, no sentido de que a norma oferece incentivos ou vantagens às pessoas para que cumpram os seus preceitos. Exemplo pode ser o de haver desconto do tributo que é pago até certo prazo. Isso ocorre muitas vezes com o IPTU, que oferece um desconto maior se o pagamento for feito antes de certo prazo ou se for feito à vista.

O Direito tem numa das mãos a balança e na outra a espada. A balança serve para sopesar o Direito. A espada visa fazer cumprir as determinações do Direito. A espada sem a balança é a desproporção, a força bruta. A balança sem a espada é um direito ineficaz. As duas têm de caminhar juntas. A proporção do emprego da espada e da balança tem de ser igual para não criar desigualdades.

Blaise Pascal afirma que "a justiça sem a força é impotente. A força sem a justiça é tirânica. É preciso colocar juntas a justiça e a força e fazer com que aquilo que é justo seja forte ou o que é forte seja justo".

Tem o Direito três dimensões:

a) os fatos que ocorrem na sociedade. O Direito nasce dos fatos (*ex facto oritur jus*), sejam eles políticos, econômicos, sociais etc.;

b) a valoração que se dá a esses fatos;

c) a norma, que pretende regular as condutas das pessoas, de acordo com os fatos e valores.

O resultado dos fatos que ocorrem na sociedade é valorado, resultando em normas jurídicas. Há, portanto, uma interação entre fatos, valores e normas, que se complementam. O Direito é uma ordem de fatos integrada numa ordem de valores. Da integração de um fato em um valor surge a norma[8]. É o que Miguel Reale denomina tridimensionalidade do Direito[9]. Os valores vão mudando no curso do tempo.

O Direito envolve um pluralismo de normas, que não são apenas as emanadas do Estado, mas também dos grupos sociais[10], como os contratos, as convenções e os acordos coletivos, os regulamentos de empresa etc.

Os sistemas jurídicos podem ser classificados basicamente em duas famílias: as originárias do sistema romano-germânico e do *common law*.

No sistema romano-germânico impera a lei, que rege as relações entre as pessoas.

No sistema do *common law* valem as decisões judiciais, partindo-se do caso concreto, indicando precedentes, que são seguidos para casos semelhantes. O juiz faz a lei (*judge made law*). Esse é o sistema adotado na Inglaterra e nos Estados Unidos.

O Direito pode ser analisado como ciência, que é a Epistemologia jurídica. Epistemologia vem do grego *episteme* (ciência) e *logo* (estudo). É a teoria da ciência.

Pode ser estudado o Direito como justo ou valor, que é a Axiologia jurídica. Axiologia vem do grego *axiós*, que significa apreciação, estimativa. É a parte da Filosofia que se preocupa com os problemas dos valores, do bem, do belo, do verdadeiro.

Pode ser analisado o Direito como norma ou lei, que é a Teoria da norma jurídica.

O Direito pode ser estudado como faculdade ou poder, que é a Teoria dos direitos subjetivos.

O Direito também pode ser analisado como fato social, que é a Sociologia Jurídica.

---

[8] REALE, Miguel. *Teoria do direito e do Estado*. São Paulo: Saraiva, 1940, p. 26.
[9] REALE, Miguel. *Teoria tridimensional do direito*. 5. ed. São Paulo: Saraiva, 2001.
[10] MARTINS, Sergio Pinto. *O pluralismo do direito do trabalho*. 2. ed. São Paulo: Saraiva, 2016.

2.4 Distinção

É preciso estabelecer a distinção entre Direito e Moral.

A palavra "moral" vem do latim *mos* ou *mores*, que significa costumes. É um conjunto de normas que são cumpridas por hábito.

Paulo, no Direito Romano, dizia que nem tudo que é permitido juridicamente é moral (*non omne quod licet honestum est*).

Nas *Institutas* de Justiniano se falava em viver honestamente (*honeste vivere*), que é um preceito, mas também tem característica de um princípio de moral.

A Moral tem um conceito que varia com o tempo, em razão de questões políticas, sociais, econômicas.

A Moral de ontem pode não ser a moral de hoje. Ela varia historicamente e em cada sociedade.

Jeremy Bentham apresenta a Moral e o Direito por dois círculos concêntricos. O menor representa o campo do Direito, e o maior, da Moral. O Direito teria o mesmo centro que a Moral, mas sem a mesma circunferência[11]. A Moral compreenderia o Direito. Seria maior que o Direito. O Direito seria uma parte da Moral, segundo essa teoria.

A Moral teve fundamento na religião, como reconhece Santo Tomás de Aquino. Os grandes códigos religiosos da Antiguidade são códigos de Moral. Hamurabi, como outros, era um grande líder religioso, mas também preconizava um mundo moral dos homens.

A Moral é unilateral, pois não existe sanção para o descumprimento da norma. A pessoa pode ter remorso, arrependimento, desgosto, sentimento de reprovação perante a sociedade, dever de consciência. Ela tem por objetivo a pessoa não fazer o mal e praticar o bem. O Direito é bilateral, pois, além de impor comportamento, determina também a sanção, daí se dizer que é bilateral-atributivo. Para uma obrigação de uma parte corresponde o direito da outra. O Direito tem por fim o justo.

O Direito é heterônomo, no sentido de que é imposto ou garantido pelo poder, mesmo que seja contra a vontade dos destinatários da norma. A Moral é autônoma, pois fica apenas na consciência da pessoa cumprir a regra ou não.

---

[11] BENTHAM, Jeremy. *Introdução aos princípios da moral e da legislação*, 1789. São Paulo: Abril Cultural, 1974 (Col. Os Pensadores).

Moral e Direito tratam de normas de comportamento e regulam as condutas das pessoas.

A Moral só impõe deveres. Ela fica na consciência das pessoas.

Kant afirma que a Moral regulamenta a intenção e a consciência. O Direito regula o comportamento exterior do homem e também as suas manifestações de vontade.

A Moral procura um valor humano. O Direito vai ter base num valor social. Henri Capitant menciona que o fim da moral é o bem, enquanto o fim do Direito é o justo.

Georges Ripert ensina que:

> entre a regra moral e a jurídica inexiste diferença de domínio, de natureza e de finalidade. E não pode haver, pois o direito deve realizar a justiça, que é uma ideia moral. Porém, há uma diferença formal, a regra jurídica é a regra moral imposta mais energicamente, dotada de sanção exterior, necessária a atingir o seu objetivo. Mas o direito só pode desenvolver-se se continuamente receber a influência da Moral, que é a sua origem e lhe serve de fundamento[12].

Miguel Reale distingue o Direito da Moral sob os seguintes aspectos[13]:

	Direito	**Moral**
1. Quanto à valoração do ato	a) bilateral b) visa à exteriorização do ato, partindo da intenção	a) unilateral b) visa à intenção, partindo da exteriorização do ato
2. Quanto à forma	a) pode vir de fora da vontade das partes (heterônomo) b) é coercível	a) é autônoma, proveniente da vontade das partes b) não há coação
3. Quanto ao objeto ou conteúdo	a) visa ao bem social ou aos valores de convivência	a) visa ao bem individual ou aos valores da pessoa

Não há dúvida de que a Moral tem influência no âmbito do Direito de Família.

A Sociologia Jurídica vai explicar os comportamentos humanos como eles de fato são. O Direito vai se preocupar como eles devem ser.

---

[12] RIPERT, Georges. *La règle morale dans les obligations civiles*. Paris: LGDJ, 1925.
[13] *Curso de filosofia do direito*. 6. ed. São Paulo: Saraiva, 1972, v. 2, p. 626.

2.5 Classificações

Há várias classificações do Direito.

Uma primeira classificação compreende o Direito Natural e o Direito Positivo.

O Direito Natural nasce a partir do momento em que surge o homem. Aparece, portanto, naturalmente para regular a vida humana em sociedade, de acordo com as regras da natureza. Seria uma norma criada pela natureza e não pelo homem. Decorre da natureza das coisas. São princípios gerais e universais para regular os direitos e deveres do homem. O Direito Natural seria o conjunto de princípios atribuídos a Deus, à razão ou "à natureza das coisas".

Os jusnaturalistas entendem que a lei deve ser justa para ser lei. Se não o for, não tem validade.

Direito Positivo é apenas a norma legal, emanada do Estado e não de outras fontes do Direito. Georges Ripert afirma que o Direito positivo é o direito cuja existência não é contestada por ninguém.

Cícero, em *De officius*, afirma que "há de fato uma verdadeira lei denominada reta razão, que é conforme à natureza, aplica-se a todos os homens, é imutável e eterna. Ela não prescreve uma norma em Roma, outra em Atenas, nem uma regra hoje e outra diferente amanhã. Essa lei eterna e imutável abrange todos os tempos e todos os povos".

Santo Agostinho entende que há dois direitos naturais. O primário é o do homem antes do pecado original, no estado de pureza e de graça. O secundário ocorre depois do pecado, em que o homem se adapta ao mundo dominado pelo sensualismo e pelo egoísmo. Da lei divina decorre a lei natural.

Stammler leciona que o direito justo é um direito natural de conteúdo variável.

Le Fur menciona que o direito natural não é conjunto de regras previamente elaboradas, mas uma diretiva, um *standard* de justiça de valor universal, mas de realização variável.

Georges Renard sustenta que o direito natural identifica-se com a moral social, constituindo o limite ao direito positivo. O Direito natural teria um conteúdo progressivo à medida que vão se passando os fatos históricos.

O Direito Natural seria universal, valendo em toda parte, sendo imutável. O Direito Positivo valeria por determinado tempo, podendo ser modificado, e dentro de certo espaço geográfico. O Direito Natural estabelece, segundo Paulo, aquilo que é bom (*bonum et aequum*). O Direito Positivo estabelece o que é útil. O Direito Natural é conhecido pela razão. É ligado à moral. O Direito Positivo é conhecido por uma declaração de vontade alheia, que é a promulgação.

Uma subclassificação divide o Direito Positivo em Direito Internacional e Direito Nacional.

Direito estatal é o proveniente do Estado. Direito não estatal é o proveniente das próprias partes, como no contrato, no regulamento de empresa, nas convenções ou nos acordos coletivos.

Direito geral é o direito romano até a queda do Império Romano-Germânico, que se aplicaria a todo império. Direito particular era o direito local, de determinadas regiões.

Direito comum é o aplicado a todas as situações, como o Direito Civil, o Direito Comercial, o Direito Penal. Direito especial é uma especialização que vem do Direito Comum, como o Direito do Trabalho, que se separa do Direito Civil, pois este só tratava de locação de serviços e agora de prestação de serviços. É direito especial: o direito do consumidor, que tem regras comerciais, processuais etc.; o Direito Penal militar.

2.6 Características

O Direito, como norma para regular a conduta das pessoas, é o dever-ser. Prescreve uma conduta genérica para o futuro.

O Direito não vê a lei como é (*sein*), mas como deveria ser (*Sollen*), visando regular situações futuras. A norma jurídica descreve o que deve ser e não o que é.

Em outras ciências, muitas vezes toma-se por base o que ocorre naquele momento. É o ser. O Direito vai preocupar-se com o que deve ser diante da norma de conduta ou de organização, que corresponde ao que deve ser, do dever-ser[14]. A ciência jurídica preocupa-se com o dever-ser, isto é, com o ideal para uma situação de comportamento ou organização e não efetivamente com o ser, que traz a ideia de um elemento concreto.

O Direito não é apenas um juízo descritivo, mas prescritivo, de como devem ser as condutas.

Diz-se que o Direito tem característica de bilateralidade atributiva, isto é, "uma proporção intersubjetiva, em função da qual os sujeitos de uma relação ficam

---

[14] KELSEN, Hans. *Teoria pura do direito*. São Paulo: Martins Fontes, 1987, p. 4-10 e 96-101.

autorizados a pretender, exigir, ou a fazer, garantidamente, algo"[15]. O Direito envolve relação entre duas ou mais pessoas.

A elaboração da regra jurídica depende das necessidades da sociedade, que se vão modificando no curso do tempo.

O Direito deve ser estável, mas não pode ficar estático.

Tem o Direito característica cultural, pois na elaboração da norma jurídica podem ser levados em consideração os aspectos culturais que exigem a edição de uma norma jurídica. O Direito não é um fato natural. O Direito também é produto da experiência[16].

A evolução do Direito depende da realidade social, que vai mudando conforme o passar do tempo.

Pressupõe o Direito a existência dos seguintes elementos: sujeito, objeto e relação.

Todo direito tem um sujeito, uma pessoa, que são as pessoas físicas ou jurídicas. O Direito visa proteger o interesse das pessoas.

Sujeito ativo é a pessoa que tem um direito subjetivo. Sujeito passivo é a pessoa que tem um dever jurídico.

Objeto do Direito é o bem ou a vantagem determinada pela ordem jurídica em relação à pessoa.

A relação jurídica é o vínculo que se forma entre pessoas, que é regulado pela norma jurídica. A relação do Direito é a garantia que a ordem jurídica estabelece para proteger o sujeito de direito e seu objeto. O vínculo jurídico compreende o dever da pessoa obrigada (*debitum*) e a responsabilidade, em caso de inadimplemento (*obligatio*). Na relação jurídica existe uma relação de poder e uma relação de dever.

Permitia o art. 335 do CPC de 1973 que, "em falta de normas jurídicas particulares, o juiz aplicará as regras de experiência comum subministradas pela observação do que ordinariamente acontece e ainda as regras da experiência técnica, ressalvado, quanto a estas, o exame pericial". O juiz também tem a sua experiência do que ocorre cotidianamente para julgar.

Dispõe de igual forma o art. 357 do CPC de 2015 que "o juiz aplicará as regras de experiência comum subministradas pela observação do que ordinaria-

---

[15] REALE, Miguel. *Lições preliminares de direito*. 18. ed. São Paulo: Saraiva, 1991, p. 51.
[16] Ver REALE, Miguel. *O direito como experiência*. 2. ed. São Paulo: Saraiva, 1999.

mente acontece e, ainda, as regras de experiência técnica, ressalvado, quanto a estas, o exame pericial".

Questionário

1. Quais as denominações empregadas para a palavra "Direito"?
2. O que é Direito?
3. Distinguir Direito da Moral.
4. Qual é a etimologia da palavra "Direito"?
5. Quais são as características do Direito?

3
Direito objetivo e Direito subjetivo

3.1 Direito objetivo

Direito objetivo é o complexo de normas que são impostas às pessoas, tendo caráter de universalidade, para regular suas relações. É o direito como norma (*ius est norma agendi*).

3.2 Direito subjetivo

3.2.1 Conceito

Direito subjetivo é a faculdade ou a possibilidade de a pessoa postular seu direito, visando à realização de seus interesses (*ius est facultas agendi*). É a faculdade, estabelecida pela ordem jurídica, de exigir determinada conduta de alguém, que deve cumpri-la em decorrência de lei ou de contrato.

3.2.2 Natureza

Para a teoria da vontade de Windscheid, o direito subjetivo é a vontade juridicamente protegida[1]. Quem tem determinado direito, em virtude do ordenamento jurídico, pode agir consoante a norma da qual aquele direito deriva. A vontade pode não ser um aspecto importante, pois deficientes mentais ou pessoas com desenvolvimento mental incompleto podem não manifestar sua vontade. O direi-

---
[1] WINDSCHEID, Bernhard. *Diritto delle pandette*. Torino: Utet, 1930, v. 1, 1ª parte, § 37.

to existe sem que haja a manifestação de vontade. Quem entra na propriedade de outra pessoa viola o direito de propriedade dela, ainda que essa pessoa não manifeste a sua vontade em coibir a invasão.

Posteriormente, Windscheid afirmou que a vontade não deveria ser entendida no sentido estritamente psíquico, mas "só em sentido lógico, como vontade normativa, isto é, como poder jurídico de querer". Entretanto, pode haver direito que não tem proteção jurídica e não pode ser assegurado em juízo.

Jhering defende a teoria do interesse. Direito subjetivo é o interesse juridicamente protegido, isto é, o interesse da pessoa garantido pela ordem jurídica[2]. Há interesses, porém, que não têm proteção jurídica. O direito subjetivo não é um interesse protegido, mas um meio de proteção do interesse.

Groppali entende que o direito subjetivo é o "poder de agir, garantido pela norma jurídica, para a satisfação de um interesse".

A teoria mista ou eclética é defendida por Jellinek. O direito subjetivo deve ser considerado mediante a conjugação dos elementos da vontade e do interesse. "Direito subjetivo é o interesse protegido, que a vontade tem o poder de realizar."[3] Direito subjetivo é "um interesse tutelado pela lei, mediante o reconhecimento da vontade individual". Direito subjetivo é o interesse protegido que dá a alguém a possibilidade de agir. É o interesse protegido enquanto atribui a alguém um poder de querer.

Giorgio Del Vecchio menciona que o direito subjetivo "não é o querer, mas a possibilidade de querer. Não é a vontade, mas a potencialidade da vontade".

Léon Duguit afirma que o direito subjetivo não pode existir, por implicar superioridade de uma vontade sobre outra, pois todas as vontades são iguais, tanto dos governantes como dos governados. Substitui a expressão "direito subjetivo" por "situação jurídica", que é o fato sancionado pelo Direito ou a situação dentro da qual está o indivíduo beneficiado por certa prerrogativa ou obrigado por determinado dever.

Goffredo Telles Júnior leciona que o direito subjetivo não é faculdade, mas permissão para o uso de faculdades. As faculdades são potências ou aptidões para produzir ato[4]. O ato é a perfeição da potência. Com a autorização, "nenhuma nor-

---

[2] JHERING, Rudolf von. *L'esprit du droit romain*. Paris: Marescq, 1880, § 70, 4/214 e 326.
[3] JELLINEK, Georg. *Sistema dos direitos subjetivos*, p. 42. Apud MONTEIRO, Washington de Barros. *Curso de direito civil*. 39. ed. São Paulo: Saraiva, 2003, v. 1, p. 6.
[4] TELLES JÚNIOR, Goffredo. *O direito quântico*. 6. ed. São Paulo: Max Limonad, 1985, p. 392.

ma jurídica pode ser violada, sem que alguém fique autorizado a exigir o seu cumprimento ou o ressarcimento do dano, que a violação causou". A norma jurídica não é atributiva, mas apenas autorizante. O direito subjetivo "é a permissão, dada por meio de norma jurídica, para usar a faculdade de agir. É a permissão jurídica para o uso da *facultas agendi*"[5].

A faculdade é a forma de exercer o direito subjetivo.

Uma pessoa pode ter a faculdade de vender um imóvel, mas não poder fazê-lo pelo fato de que está interditada, por ser incapaz por loucura. Não é, portanto, possível vender o imóvel sem a manifestação do curador.

O direito de ação é autônomo em relação ao direito subjetivo material. Na verdade, segundo Chiovenda, completa-o e protege-o.

O direito de ação fica sujeito à prescrição. O Direito subjetivo não está sujeito à prescrição. Entretanto, se a prescrição for declarada, o titular do direito não poderá exigir judicialmente a obrigação decorrente do direito lesado.

3.2.3 Classificações

Direito subjetivo patrimonial é o que tem conteúdo econômico.

Direito subjetivo não patrimonial não tem conteúdo econômico, como o direito ao nome.

Direito subjetivo patrimonial pode ser dividido em direitos reais (sobre coisas), direitos obrigacionais ou de crédito. A propriedade e a posse são os principais direitos reais.

Direito subjetivo público é o que tem a presença do Estado, seja em decorrência do seu poder de império ou para garantir direitos.

Direito subjetivo privado é o que nasce de normas de direito privado, como o direito de propriedade, o direito de autor etc.

Direito subjetivo público é dividido, segundo Georg Jellinek, em:

a) direitos de liberdade;

b) direitos de pleitear a intervenção do Estado em favor de interesses individuais garantidos pela lei;

c) direitos políticos.

Direito subjetivo simples é especificado e determinado com clareza. Exemplo pode ser do contrato que estabelece que deve ser feito o pagamento pela venda de

---

[5] TELLES JUNIOR, Goffredo. *O direito quântico*. 6. ed. São Paulo: Max Limonad, 1985, p. 398.

coisa em certa data. O proprietário de um imóvel tem a faculdade de usá-lo, mas pode alugá-lo, emprestá-lo ou vendê-lo.

Direito subjetivo complexo depende de várias possibilidades.

Direito subjetivo, quanto ao sujeito passivo, pode ser:

a) relativo. São os que têm um sujeito passivo específico e determinado. O direito do credor diz respeito a determinado devedor ou devedores;

b) absoluto. O sujeito passivo é qualquer pessoa da sociedade.

Direito subjetivo quanto ao sujeito ativo, segundo Brethe de La Gressaye e Laborde-Lacoste:

a) direitos próprios e exclusivos dos indivíduos são os que dizem respeito ao indivíduo, em sua qualidade de pessoa humana. Compreende as liberdades individuais, como o direito à vida, à liberdade, ao trabalho, à honra, à reputação.

A ação popular não pode ser proposta por pessoas jurídicas, mas apenas pelo cidadão. Qualquer cidadão é parte legítima para propor ação popular que vise a anular ato lesivo ao patrimônio público ou de entidade de que o Estado participe, à moralidade administrativa, ao meio ambiente e ao patrimônio histórico e cultural, ficando o autor, salvo comprovada má-fé, isento de custas judiciais e do ônus da sucumbência (art. 5º, LXXIII, da Constituição);

b) direitos próprios e exclusivos de instituições. São representados pelos poderes dos órgãos incumbidos de funções de interesse social. Incluem o Estado, o direito de legislar, administrar, julgar, regulamentar.

O mandado de segurança coletivo pode ser impetrado por:

i) partido político com representação no Congresso Nacional;

ii) organização sindical, entidade de classe ou associação legalmente constituída e em funcionamento há pelo menos um ano, em defesa dos interesses de seus membros ou associados (art. 5º, LXX, da Constituição). Não pode, portanto, ser impetrado por pessoa física;

c) direitos comuns a indivíduos e instituições. Os sujeitos ativos são tanto as pessoas físicas como as pessoas jurídicas.

O Direito subjetivo pode ter por fundamento no objeto do direito: direitos da personalidade, direitos reais, direitos obrigacionais.

Gaio afirma que "todo direito que exercemos diz respeito: a pessoas, a coisas ou a ações".

Direitos da personalidade dizem respeito à pessoa física ou jurídica. São vários os aspectos, como o direito à vida, à intimidade, à personalidade, à liberdade, ao trabalho, de associação.

Direito objetivo e Direito subjetivo

Direitos reais são os que dizem respeito a bens materiais ou imateriais. Exemplo relativo a bem material é o direito à propriedade. A Constituição garante no art. 5º o direito à propriedade (inciso XXII), e esta atenderá à sua função social (inciso XXIII). Direito à propriedade imaterial é o direito sobre coisa incorpórea.

Direitos obrigacionais são os relativos a uma prestação, como o direito de crédito. O direito obrigacional vincula uma pessoa a outra, por meio de declaração de vontade ou da lei, visando determinada prestação.

Direito subjetivo segundo a finalidade: direito-interesse e direito-função.

Direito-interesse tem por objetivo o benefício do interesse do próprio titular. É o direito à vida, à liberdade, ao nome, o direito de propriedade.

Direito-função é o que visa não ao benefício de uma pessoa, mas ao de outras pessoas. É o pátrio poder do pai sobre o filho, do tutor em relação ao tutelado, os direitos ou poderes das autoridades. Os Poderes do Estado, Legislativo, Executivo e Judiciário, têm um direito-função. Esse direito decorre da função de cada Poder do Estado. O pátrio poder é um direito-função, pois decorre da função exercida pelo pai na educação, no cuidado dos filhos.

Questionário

1. O que é Direito objetivo?
2. O que é Direito subjetivo?
3. Qual é a natureza do Direito subjetivo?
4. O que é direito-interesse?
5. O que é direito-função?
6. O que são direitos reais?
7. O que são direitos obrigacionais?

4
Relações com outras ciências

O Direito precisa ser estudado a partir do conhecimento de outras ciências. Há uma interdisciplinaridade entre o Direito e outras ciências.

4.1 História

O Direito é fruto da história. A evolução dos fatos históricos importa mudanças no que a norma jurídica deve regular.

O Direito Romano influenciou a legislação italiana, mas influenciou também outras legislações, inclusive a brasileira.

Os pensamentos de Rousseau, em *O contrato social*, e de Montesquieu, em *O Espírito das Leis*, tiveram grande influência na Revolução Francesa de 1789 e nas Declarações de Direitos do período.

Savigny já disse que o jurista não pode deixar de ser um historiador.

A História do Direito estuda cronologicamente cada disciplina do Direito. Procura-se reviver como era o fenômeno jurídico quando surgiu com o objetivo de compreendê-lo, o que levou à edição da norma jurídica sobre aquele tema. Analisa também a evolução da norma no contexto social.

4.2 Sociologia

A Sociologia é a ciência que estuda os fatos sociais, as relações entre as pessoas que pertencem a uma comunidade, os grupos que formam a sociedade (família, igreja, escola etc.), a conduta humana.

Estuda a Sociologia várias classes de fenômenos sociais, como os fatores econômicos, religiosos, a família e a moral, o jurídico e o econômico.

O Direito é um fato social, proveniente de fatores sociais, como a religião, a moral e outros.

A Sociologia do Direito ou Sociologia Jurídica estuda como as normas jurídicas se apresentam, a conduta jurídica. O Direito se preocupa em estudar a conduta social, a conduta jurídica. A Sociologia do Direito analisa o convívio coletivo das pessoas, como elas se comportam e reagem diante das regras jurídicas.

O estudo da delinquência juvenil exige a necessidade de se estudar os costumes, a família etc.

A Sociologia Criminal estuda os fatores ambientais e sociais do delito. O delito é considerado por ela como um fato social. O delito é proveniente de vários fatores sociais, morais, econômicos (pobreza, desemprego), políticos, raciais, climáticos, educacionais etc.

4.3 Filosofia

"Filosofia" vem do grego *philos* (amizade, amor) e *sophia* (ciência, sabedoria). Pitágoras recusava o título de *sophio*, de sábio. Entendia que não iria resolver todos os problemas do universo. Preferia ser apenas um amigo da sabedoria.

A Filosofia é o setor do saber humano que tem por objeto específico o estudo do universal, concepção geral da vida e do universo, ciência dos valores universalmente válidos, a vontade de conhecer a realidade global, como totalidade homogênea[1]. Compreende a Filosofia a meditação crítica sobre objetos.

A Filosofia do Direito é "a exposição crítico-valorativa da experiência jurídica, na universalidade de seus aspectos, mediante a indagação dos primeiros princípios que informam os 'institutos jurídicos', os 'direitos' e os 'sistemas'"[2].

A Filosofia do Direito tem por objetivo o pensamento sobre o fenômeno jurídico, problematizar o Direito, analisar as condições morais, lógicas e históricas da formação da norma jurídica.

Analisa a Filosofia do Direito os pressupostos lógicos do direito e seus métodos de pesquisa (Epistemologia Jurídica), o fundamento do Direito, seus valores e fins (Deontologia Jurídica).

---

[1] CRETELLA JR., José. *Filosofia do direito*. 5. ed. Rio de Janeiro: Forense, 1999, p. 5.
[2] CRETELLA JR., José. *Filosofia do direito*. 5. ed. Rio de Janeiro: Forense, 1999, p. 19.

O problema da justiça é um problema filosófico, pois a justiça é o fim almejado pelo Direito.

4.4 Economia

Stammler disse que o Direito é a forma das relações econômicas.

Há três fatores de produção: terra, capital e trabalho.

Engels afirma que:

> na produção social dos meios de existência contraem os homens determinadas relações necessárias e independentes de sua vontade, relações de produção, que correspondem a certo grau do desenvolvimento de suas forças produtivas. Todo o conjunto dessas relações de produção forma a estrutura econômica da sociedade, isto é, a base real sobre a qual se eleva uma superestrutura jurídica e política, e à qual correspondem formas sociais e determinadas de consciência. O modo de produção da vida material determina em geral o processo da vida social, política e intelectual. Não é a consciência do homem que determina sua maneira de ser, mas sua existência social que determina sua consciência (prefácio de sua *Contribuição à crítica da Economia política*).

A Grande Depressão de 1929, nos Estados Unidos, determinou a intervenção do Estado no setor econômico.

A Economia cria empregos. Os empregados e empregadores são estudados no Direito do Trabalho. A crise econômica causa desemprego dos trabalhadores.

O Direito não cria empregos. Os empregos são criados pela atividade econômica.

O tributo é a receita pública do Estado. Se a economia vai bem, a arrecadação de tributos é maior. Se há recessão, a arrecadação de tributos é menor.

4.5 Moral

A Moral já fixava algumas regras, como não matar, que dá origem à punição no homicídio; não roubar, no crime de roubo; não causar dano injusto a outrem, de responsabilidade por reparação de danos; de respeitar a palavra dada, que mostra que os acordos entre as partes devem ser cumpridos (*pacta sunt servanda*).

4.6 Ciência Política

> Ciência Política é o estudo de teorias e casos práticos da política, bem como a análise e a descrição dos sistemas políticos e seu comportamento. Consiste,

portanto, no estudo do Governo do Estado no aspecto teórico ou doutrinário, buscando analisar a realidade social e histórica, bem como seu funcionamento[3].

A Ciência Política estuda o poder, as instituições e o governo do Estado.

A Ciência Política estuda o Estado de forma mais concreta ou abrangente. Serve de base a Ciência Política para a Teoria do Estado, pois estuda os fenômenos políticos, e também para o Direito Constitucional.

4.7 Medicina Legal

Os estudos de Bartolo (1314-1357), *De percussionibus* e *De cicatricibus*, deram origem à Medicina Legal.

Para Perrando, Medicina Legal é a parte da ciência médica que se dedica

> a todos os problemas biológicos e médico-cirúrgicos, que têm relação com a evolução das ciências jurídicas e sociais, bem como, de forma sistemática, fornece noções especiais necessárias à solução das questões de índole técnica nos procedimentos judiciários.

Na Idade Média, era costume os juízes chamarem médicos que prestavam juramentos para diagnosticarem problemas jurídicos relativos à Medicina.

A Medicina Legal é fundamental em relação à prova no Direito Penal. Os conhecimentos médico-cirúrgicos podem ser muito úteis para desvendar homicídios.

Determinados conceitos de crimes devem se basear na Medicina, como aborto, morte, lesão corporal etc.

O exame de sanidade mental é fundamental para saber a capacidade da pessoa no âmbito do Direito Civil.

4.8 Psicologia

A palavra "psicologia" vem do grego *psico* (alma ou atividade mental) e *logía* (estudo).

A Psicologia é a ciência que estuda o comportamento humano, os processos mentais e as interações com o ambiente físico e social. Ela descreve sensações, emoções, pensamentos, percepções e outros estados do comportamento humano.

---

[3] DE CICCO, Cláudio; GONZAGA, Álvaro de Azevedo. *Teoria geral do estado e ciência política*. 6. ed. São Paulo: Revista dos Tribunais, 2015, p. 178.

A Psicologia Forense apresenta estudos sobre a natureza do comportamento humano que interessam à Medicina Legal. Serve para processos de interdição, de violência doméstica e familiar, de toxicomania, de abusos, especialmente em relação às crianças, e de questões relativas à separação dos pais.

4.9 Criminologia

Segundo Huwitz, Criminologia é a parte da ciência penal que põe em relevo os fatores da criminalidade mediante investigação empírica, quer dizer, os fatores individuais e sociais que fundamentam a conduta delituosa. Ela estuda os fatores ou as causas que determinam o crime.

Lombroso defende a tese, no livro *L'uomo delinquente*, de 1871, de que o delinquente é reconhecido por suas características corporais.

Questionário

1. Qual é a relação da Medicina Legal com o Direito?
2. Qual é a diferença entre Ciência Política e Direito?
3. Qual é a influência da História no Direito?
4. O que representa a Psicologia para o Direito?

5

Fontes do Direito

5.1 Introdução

"Fonte" vem do latim *fons*, com o significado de nascente, manancial.

No significado vulgar, *fonte* tem o sentido de nascente de água, o lugar donde brota água.

Figuradamente, refere-se à origem de alguma coisa, de onde provém algo. Fonte de Direito tem significado metafórico, em razão de que já é uma fonte de várias normas, de onde o Direito provém.

Claude du Pasquier afirma que fonte de regra jurídica "é o ponto pelo qual ela sai das profundezas da vida social para aparecer à superfície do Direito"[1].

José de Oliveira Ascensão menciona que fonte tem diferentes significados:

a) histórico: considera as fontes históricas do sistema, como o Direito Romano;

b) instrumental: são os documentos que contêm as regras jurídicas, como códigos, leis etc.;

c) sociológico ou material: são os condicionamentos sociais que produzem determinada norma;

d) orgânico: são os órgãos de produção das normas jurídicas;

---

[1] PASQUIER, Claude du. *Introduction à la théorie générale et à la philosophie du droit*. Paris: Delachaux et Niestlé, 1978, p. 47.

e) técnico-jurídico ou dogmático: são os modos de formação e revelação das regras jurídicas[2].

O estudo das fontes do Direito pode ter várias acepções, como sua origem, fundamento de validade das normas jurídicas e a própria exteriorização do Direito.

Fontes formais ou secundárias são as formas de exteriorização do Direito. Exemplos seriam as leis, o costume etc. Georges Gurvitch faz referência aos meios pelos quais o direito positivo pode ser conhecido[3].

Eduardo Garcia Máynez afirma que as fontes formais são como o leito do rio, ou canal, por onde correm e manifestam-se as fontes materiais[4].

Fontes formais do Direito podem ser:

a) de direito interno, como a lei, o regulamento, a medida provisória;

b) de direito internacional, como os tratados, os costumes internacionais, princípios gerais de direito.

Fontes materiais ou primárias são o complexo de fatores que ocasionam o surgimento de regras jurídicas, envolvendo fatos e valores. São analisados fatores sociais, psicológicos, econômicos, históricos, morais, religiosos, técnicos etc. São os fatores reais que irão influenciar na criação da norma jurídica. Tomando por base esses fatores, há a formação do conteúdo ou da matéria da regra jurídica.

O fator religioso influiu no Direito de Família. No Brasil, até 1977 não era possível o divórcio. A Igreja Católica é contra o divórcio.

O fator econômico pode ser importante. No Brasil, existia uma política econômica até o Plano Real. Houve uma política salarial até a Lei n. 8.178/91.

A moral influenciou o Direito Civil. Exemplo é o dever de não fazer mal injustamente a outros, que dá origem ao fundamento da responsabilidade civil. O dever de não enriquecer à custa dos outros, que dá origem à teoria do enriquecimento sem causa. A organização da família é feita sob uma base moral rigorosa.

A política influenciou o Direito Constitucional. A Revolução Francesa acabou com o absolutismo do rei. A lei é a vontade geral, mostrando uma igualdade civil. O liberalismo influenciou o Direito Contratual e de propriedade no Código de Napoleão.

---

[2] ASCENSÃO, José de Oliveira. *O direito*: introdução e teoria geral. Lisboa: Fundação Calouste Gulbenkian, 1978, p. 39.

[3] GURVITCH, Georges. Théorie pluraliste des sources du droit positif. *Annuaire de l'Institut international de philosophie du droit et de sociologie juridique*, 1934-1935.

[4] GARCIA MÁYNEZ, Eduardo. *Introducción al estudio del derecho*. México: Porrúa, 1968, p. 51.

Um fenômeno natural influencia o legislador, como a seca, a inundação, o terremoto, a nevasca etc. Em inundações em certos lugares do Brasil, foram prorrogados prazos de pagamento dos produtores rurais, foi autorizado o saque do FGTS em relação a trabalhadores etc.

Alguns autores afirmam que o Estado é a única fonte do Direito, pois ele goza do poder de sanção. Uma segunda corrente prega que existem vários centros de poder, de onde emanam normas jurídicas.

Para certos autores, relevante é apenas o estudo das fontes formais. As fontes materiais dependem da investigação de causas sociais que influenciaram na edição da norma jurídica, matéria que é objeto da Sociologia do Direito.

Miguel Reale prefere trocar a expressão *fonte formal* por *teoria do modelo jurídico*. Esta é "a estrutura normativa que ordena os fatos segundo valores, numa qualificação tipológica de comportamentos futuros, a que se ligam determinadas consequências"[5].

As fontes do Direito têm por objetivo estabelecer como o Direito se expressa. Pode significar o ente que produz a norma.

As fontes podem ser classificadas em heterônomas e autônomas. Heterônomas são as impostas por agente externo. Exemplos: Constituição, leis, decretos, sentença normativa, regulamento de empresa, quando unilateral. Autônomas são as elaboradas pelos próprios interessados. Exemplos: costume, convenção e acordo coletivo, regulamento de empresa (quando bilateral), contrato.

Podem as fontes ser estatais, em que o Estado estabelece a norma. Exemplos: Constituição, leis, sentença normativa. Extraestatais são as fontes oriundas das próprias partes, como o regulamento de empresa, o costume, a convenção e o acordo coletivo, o contrato. São profissionais as fontes estabelecidas pelos trabalhadores e empregadores interessados, como a convenção e o acordo coletivo de trabalho.

Fontes supraestatais são os tratados internacionais, os costumes internacionais, os princípios gerais do direito, que são aplicados em qualquer país.

As fontes do Direito podem, ainda, ser mediatas (diretas) e imediatas (indiretas); principais e secundárias.

Fontes internas ou nacionais são originárias do próprio território daquele Estado. Fontes externas são provenientes do exterior ao Estado, como fontes internacionais.

Quanto à vontade das pessoas, as fontes podem ser voluntárias e imperativas. Voluntárias são as dependentes da vontade dos interessados, como o contrato, a

---

[5] REALE, Miguel. *O direito como experiência*. 2. ed. São Paulo: Saraiva, 1999, p. 162.

convenção e o acordo coletivo, o regulamento de empresa (quando bilateral). Imperativas são as impostas coercitivamente às pessoas pelo Estado, como a Constituição, as leis, a sentença normativa.

Pode-se dizer, para justificar as fontes de Direito, que as normas de maior hierarquia seriam o fundamento de validade das regras de hierarquia inferior.

O diálogo entre as fontes mostra que o Direito é unitário. Há várias espécies de Direito. Certas normas são como vasos comunicantes. Uma norma liga um conjunto de outras normas a outro. Havendo omissão da CLT em matéria de Direito do Trabalho, aplica-se o direito comum (Direito Civil e Direito Comercial) (§ 1º do art. 8º da CLT). Na omissão da CLT na parte processual e, havendo compatibilidade, aplica-se o CPC (art. 769 da CLT). Na omissão das normas sobre execução trabalhista, aplica-se em primeiro lugar a lei de execução fiscal (Lei n. 6.830/80) e, omissa esta, o CPC (art. 889 da CLT). Na ausência de normas que regulem processos eleitorais, trabalhistas ou administrativos, as disposições do CPC lhes serão aplicadas supletiva e subsidiariamente (art. 15 do CPC). A Lei de Ação Civil Pública prevê que se aplicam à defesa dos direitos e interesses difusos, coletivos e individuais, no que for cabível, os dispositivos do Título III da lei que instituiu o Código de Defesa do Consumidor (art. 21 da Lei n. 7.347/85).

São fontes do Direito: a Constituição, as leis, os decretos, os atos do Poder Executivo, os contratos, as convenções e os acordos coletivos.

5.2 Constituições

Constituição é a denominação para a Norma Ápice de um país que foi votada numa assembleia constituinte e promulgada. Carta (*Charte*) é denominação usada para normas constitucionais impostas, outorgadas, decretadas pelo governo.

As normas jurídicas têm hierarquias diversas, porém compõem um todo, que se inicia com a Constituição.

A Constituição é como se fosse um esqueleto ou um tronco de árvore. O esqueleto dá sustentação ao corpo. O tronco da árvore dá sustentação a toda a árvore. A Lei Maior dá sustentação a todo o ordenamento jurídico de determinada nação. Traz regras sobre produção das leis, direitos trabalhistas, de família, filhos, tributos, previdência social e até financeiras.

Organiza a Constituição a forma e a estrutura do Estado e do Governo, dando-lhes forma jurídica. Estabelece direitos e garantias individuais. É fundada em princípios.

A Constituição rígida é a que exige uma forma mais complexa para ser alterada. A Constituição flexível permite sua alteração de forma mais fácil.

A Constituição é a fonte de validade das demais normas. É na Constituição que essas normas têm o seu fundamento, o seu modo de formação. Se as normas infraconstitucionais dispõem de forma contrária à Constituição, serão consideradas inconstitucionais.

5.3 Lei

5.3.1 *Etimologia*

Para Ovídio, "lei" vem de ler, quando assevera que "não se liam palavras ameaçadoras inscritas no bronze"[6].

Cícero leciona que lei vem de *eligere*, eleger, escolher. A lei é a norma escolhida pelo legislador, como o melhor preceito para dirigir a atividade humana[7].

Santo Tomás de Aquino afirma que lei vem do verbo *ligare*, obrigar, vincular, porque obriga a agir[8]. A lei obriga uma pessoa.

A palavra "lei" pode ser decorrente do verbo latino *ligare*, pois a lei liga, vincula obrigatoriamente. Pode ser proveniente da palavra *legere*, no sentido de ler, porque a lei é uma disposição escrita, que é lida.

Isidoro de Sevilha afirma que lei vem do verbo latino *legere*, que tem o significado de ler. A lei é a norma escrita. Ela é lida. Ao contrário das normas costumeiras, que não são escritas[9].

5.3.2 *Conceito*

Lei no sentido geral diz respeito à Ciência, como lei de Newton, lei de Einstein, lei da oferta e da procura.

Jean-Jacques Rousseau só considera lei a expressão da vontade geral, que é o que foi determinado pelo soberano. O Direito autêntico é estabelecido pela lei, que é a expressão da vontade geral. A lei exprime o liame social, estando acima do homem. O costume não poderia prevalecer contra a lei, pois só esta encarna os imperativos da razão.

---

[6] OVÍDIO. *Metamorfoses*: as quatro idades. Rio de Janeiro: Francisco Alves, 1930, v. 89-613, p. 7.
[7] CÍCERO, Marco Túlio. *De legibus*, livr. I, cap. II.
[8] AQUINO, Santo Tomás de. *Suma teológica*. Araras: Odeon, 1936, v. 9, p. 6.
[9] SEVILHA, Isidoro de. *Etymologiarum*, livro 2, capítulo 10.

A soberania una, inalienável e indivisível constitui a única fonte legítima do Direito. É a soberania a expressão da vontade geral, que, por sua vez, é a expressão do "eu comum" e se concretiza na legislação de um povo. Identifica-se, portanto, a soberania com a vontade geral.

Montesquieu afirma que "as leis, na sua significação mais extensa, são as relações necessárias que derivam da natureza das coisas e, neste sentido, todos os seres possuem as suas leis"; a divindade, o mundo material, as inteligências superiores ao homem, os animais e o próprio homem[10]. Esse conceito é muito amplo e se refere a todas as espécies de leis.

A concepção de lei de Rousseau é trazida para a Declaração dos Direitos do Homem e do Cidadão, de 1789: "lei é a expressão da vontade geral" (art. 6º). É o que ocorre nas democracias, mas não nas ditaduras.

Portalis, na introdução ao Código Civil de Napoleão, afirmava que "lei é o Direito reduzido a regras positivas e preceitos particulares".

Lei é a norma emanada do Poder Legislativo, que estabelece regras de conduta social. Obriga a todos dentro da sociedade, pois não visa a situações particulares, mas genéricas. Tem por objetivo a lei regular a atividade das pessoas em suas relações sociais.

A lei não representa todo o Direito, mas apenas uma das formas da sua manifestação. A lei é um instrumento de revelação do Direito estatal.

A lei é estabelecida genericamente para regular condutas. Não pretende atender a certa e específica questão, mas regular genericamente condutas. Obriga igualmente a todos.

É geral a lei, disciplinando o comportamento de várias pessoas que estão em certa situação. É abstrata, pois determina uma categoria de ações e não uma ação singular. A lei realiza a certeza jurídica.

A lei se diferencia do costume. A lei é proveniente do Poder Legislativo, enquanto o costume é decorrente de certa prática. O costume não tem origem certa. Em muitos casos, não se sabe como o costume surgiu. A lei provém de um processo legislativo, que é regulado na Constituição. A lei é genérica, enquanto a maioria dos costumes existe para casos particulares. A lei é escrita e o costume não. O costume perde sua vigência pelo desuso.

---

[10] MONTESQUIEU. *O espírito das leis*. São Paulo: Abril Cultural, 1973, p. 33 (Col. Os Pensadores).

Lei em sentido formal é a norma emanada do Estado, e tem caráter imperativo. Lei em sentido material é a disposição imperativa, que tem caráter geral, contendo regra de direito objetivo.

Abaixo da Constituição, existem as leis ordinárias, como: o Código Civil, que trata de direitos e obrigações, de contratos, de regras sobre família e sucessões, sobre coisas; leis sobre organização de sociedades, como a Lei das Sociedades por Ações (Lei n. 6.404/76); sobre benefícios da Previdência Social (Lei n. 8.213/91) etc.

O princípio da legalidade mostra que ninguém será obrigado a fazer ou deixar de fazer alguma coisa senão em virtude de lei (art. 5º, II, da Constituição). Não há crime sem lei anterior que o defina, nem pena sem prévia cominação legal (art. 5º, XXXIX, da Constituição). O tributo somente pode ser criado ou modificado por meio de lei (art. 150, I, da Constituição).

No âmbito penal, o crime e a pena têm de estar definidos em lei (*nulla poena, nullum crimen sine previa lege*), conforme o inciso XXXIX do art. 5º da Constituição.

5.3.3 Classificação

Leis formais são as que têm a forma da lei, mas não têm conteúdo de lei, como a lei que abre créditos no orçamento.

Lei material é a que tem conteúdo específico de lei, como o Código Civil, o Código Comercial etc.

Quanto à natureza, as leis podem ser classificadas em materiais e instrumentais ou processuais. As leis materiais regulam os direitos das pessoas, como o direito ao casamento, à filiação, ao contrato de trabalho e aos direitos trabalhistas etc. As leis instrumentais ou processuais são o meio que a pessoa tem para fazer valer seu direito material, que são o Código de Processo Civil (CPC), o Código de Processo Penal (CPP) e outras normas.

Quanto à hierarquia, as leis podem ser: constitucionais, complementares, ordinárias etc.

Quanto ao conteúdo, a lei é declarativa ou explicativa quando explica como deve ser resolvida determinada situação. É vedado ao credor renunciar ao direito a alimentos, sendo o respectivo crédito insuscetível de cessão, compensação ou penhora (art. 1.707 do Código Civil). Lei limitativa é a que dispõe que o funcionário público é aposentado compulsoriamente aos 75 anos (art. 2º da Lei Complementar n. 152/2015). Lei negativa é a que proíbe alguma conduta. É proibido o trabalho do menor de 16 anos (art. 7º, XXXIII, da Constituição).

Lei interpretativa é a que estabelece a forma de interpretação em relação a certa matéria. Os negócios jurídicos benéficos e a renúncia interpretam-se estritamente (art. 114 do Código Civil).

Leis federais são as que vinculam a Administração Pública da União. Leis nacionais são as que dizem respeito a todos os entes da Federação (União, Estados, Municípios, Distrito Federal), que têm de obedecê-las. Exemplo, nesse aspecto, pode ser o CTN.

Há, ainda, leis estaduais, distritais e municipais nos assuntos de competência de cada ente da federação.

Quanto aos órgãos em relação aos quais são provenientes as leis, eles podem ser federais, estaduais e municipais. As regras federais são oriundas do Congresso Nacional (Senado e Câmara Federal). As estaduais, das Assembleias Legislativas; as municipais, das Câmaras Municipais.

No âmbito da legislação concorrente, a competência da União limitar-se-á a estabelecer normas gerais (§ 1º do art. 24 da Constituição). A competência da União para legislar sobre normas gerais não exclui a competência suplementar dos Estados. Inexistindo lei federal sobre normas gerais, os Estados exercerão a competência legislativa plena, para atender a suas peculiaridades. A superveniência de lei federal sobre normas gerais suspende a eficácia da lei estadual, no que lhe for contrário.

5.3.4 Formação das leis

O processo de elaboração das leis compreende três fases:

a) iniciativa;

b) aprovação;

c) execução.

Iniciativa é a faculdade que a pessoa tem de propor um projeto de lei. Pode ser proveniente de uma pessoa ou órgão. O § 2º do art. 61 da Constituição admite que a iniciativa popular pode ser exercida pela apresentação à Câmara dos Deputados de projeto de lei subscrito por, no mínimo, 1% do eleitorado nacional, distribuído pelo menos por cinco Estados, com não menos de 0,3% dos eleitores de cada um deles. A lei disporá sobre a iniciativa popular no processo legislativo estadual (§ 4º do art. 27 da Constituição).

O projeto de lei é estudado e discutido. São apresentadas emendas, voltando o projeto à Casa de origem.

A execução da lei compreende sanção, veto, promulgação e publicação da norma.

Na sanção, o chefe do Poder Executivo (federal, estadual ou municipal) manifesta sua aquiescência quanto ao projeto aprovado pelo Poder Legislativo. Pode ser a sanção expressa, em que essa pessoa se manifesta formalmente de acordo com a norma aprovada. É tácita quando o chefe do Poder Executivo não se manifesta no prazo legal para declarar-se de acordo com o projeto votado pelo Poder Legislativo, deixando decorrer o prazo sem se manifestar sobre o tema.

O presidente da República tem 15 dias para sancionar o projeto de lei aprovado pelo Congresso (art. 66, § 1º, da Constituição).

A sanção pelo Presidente da República deve ser feita em 15 dias úteis a contar da data do recebimento do projeto aprovado pelo Congresso Nacional (§ 1º do art. 66 da Constituição).

Veto é a oposição do chefe do Poder Executivo quanto ao projeto. O veto é apreciado pelo Poder Legislativo, que pode aceitá-lo ou rejeitá-lo.

Promulgação é a declaração do chefe do Poder Executivo ou presidente do Congresso de que a lei passa a fazer parte do ordenamento jurídico.

Publicação é a forma de dar publicidade da norma às pessoas. Geralmente, é feita na imprensa oficial ou em jornal local. Pode ser feita também pela fixação da lei no mural da Prefeitura.

As leis complementares são aprovadas por maioria absoluta no Congresso Nacional (art. 69 da Constituição). A Lei Maior estabelece que para certas matérias é preciso lei complementar e, para outras, é possível a edição de lei ordinária. Cabe à lei complementar estabelecer normas gerais em matéria de legislação tributária, especialmente sobre:

a) definição de tributos e suas espécies, bem como, em relação aos impostos discriminados na Constituição, a dos respectivos fatos geradores, base de cálculo e contribuintes;

b) obrigação, lançamento, crédito, prescrição e decadência tributários (art. 146, III, *a* e *b*, da Constituição). O Código Tributário Nacional é considerado lei complementar.

As leis ordinárias podem ser aprovadas por maioria simples no Congresso Nacional.

Leis delegadas são as que dependem de autorização por parte do Congresso Nacional, que delega, por exemplo, ao Presidente da República (art. 68 da Constituição). A delegação ao Presidente da República será feita sob a forma de resolução do Congresso Nacional, que especifica o conteúdo e os termos do seu exercício (§ 2º do art. 68 da Constituição).

Decretos legislativos são atos aprovados pelo Congresso Nacional e promulgados pelo presidente do Senado Federal. Eles são usados, por exemplo, para aprovação de tratados, convenções ou acordos internacionais.

Resoluções são editadas pelo Senado Federal, como, por exemplo, para autorizar operações externas de natureza financeira (arts. 49, I, e 52, V, da Constituição).

As leis complementares, as leis ordinárias e as leis delegadas terão numeração sequencial em continuidade às séries iniciadas em 1946 (§ 2º do art. 2º da Lei Complementar n. 95/98).

A vigência da lei será indicada de forma expressa e de modo a contemplar prazo razoável para que dela se tenha amplo conhecimento, reservada a cláusula "entra em vigor na data de sua publicação" para as leis de pequena repercussão (art. 8º da Lei Complementar n. 95/98).

A contagem do prazo para entrada em vigor das leis que estabeleçam período de vacância far-se-á com a inclusão da data da publicação e do último dia do prazo, entrando em vigor no dia subsequente à sua consumação integral.

As leis que estabeleçam período de vacância deverão utilizar a cláusula "esta lei entra em vigor após decorridos (o número de) dias de sua publicação oficial".

A cláusula de revogação deverá enumerar, expressamente, as leis ou disposições legais revogadas (art. 9º da Lei Complementar n. 95/98).

Os textos legais serão articulados com observância dos seguintes princípios:

I – a unidade básica de articulação será o artigo, indicado pela abreviatura "Art.", seguida de numeração ordinal até o nono e cardinal a partir deste;

II – os artigos desdobrar-se-ão em parágrafos ou em incisos; os parágrafos em incisos, os incisos em alíneas e as alíneas em itens;

III – os parágrafos serão representados pelo sinal gráfico "§", seguido de numeração ordinal até o nono e cardinal a partir deste, utilizando-se, quando existente apenas um, a expressão "parágrafo único" por extenso;

IV – os incisos serão representados por algarismos romanos, as alíneas por letras minúsculas e os itens por algarismos arábicos;

V – o agrupamento de artigos poderá constituir Subseções; o de Subseções, a Seção; o de Seções, o Capítulo; o de Capítulos, o Título; o de Títulos, o Livro e o de Livros, a Parte;

VI – os Capítulos, Títulos, Livros e Partes serão grafados em letras maiúsculas e identificados por algarismos romanos, podendo estas últimas desdobrar-se em Parte Geral e Parte Especial ou ser subdivididas em partes expressas em numeral ordinal, por extenso;

VII – as Subseções e Seções serão identificadas em algarismos romanos, grafadas em letras minúsculas e postas em negrito ou caracteres que as coloquem em realce;

VIII – a composição prevista no inciso V poderá também compreender agrupamentos em Disposições Preliminares, Gerais, Finais ou Transitórias, conforme necessário (art. 10 da Lei Complementar n. 95/98).

As disposições normativas serão redigidas com clareza, precisão e ordem lógica, observadas, para esse propósito, as seguintes normas:

I – para a obtenção de clareza:

a) usar as palavras e as expressões em seu sentido comum, salvo quando a norma versar sobre assunto técnico, hipótese em que se empregará a nomenclatura própria da área em que se esteja legislando;

b) usar frases curtas e concisas;

c) construir as orações na ordem direta, evitando preciosismo, neologismo e adjetivações dispensáveis;

d) buscar a uniformidade do tempo verbal em todo o texto das normas legais, dando preferência ao tempo presente ou ao futuro simples do presente;

e) usar os recursos de pontuação de forma judiciosa, evitando os abusos de caráter estilístico;

II – para a obtenção de precisão:

a) articular a linguagem, técnica ou comum, de modo a ensejar perfeita compreensão do objetivo da lei e a permitir que seu texto evidencie com clareza o conteúdo e o alcance que o legislador pretende dar à norma;

b) expressar a ideia, quando repetida no texto, por meio das mesmas palavras, evitando o emprego de sinonímia com propósito meramente estilístico;

c) evitar o emprego de expressão ou palavra que confira duplo sentido ao texto;

d) escolher termos que tenham o mesmo sentido e significado na maior parte do território nacional, evitando o uso de expressões locais ou regionais;

e) usar apenas siglas consagradas pelo uso, observado o princípio de que a primeira referência no texto seja acompanhada de explicitação de seu significado;

f) grafar por extenso quaisquer referências a números e percentuais, exceto data, número de lei e nos casos em que houver prejuízo para a compreensão do texto;

g) indicar, expressamente o dispositivo objeto de remissão, em vez de usar as expressões "anterior", "seguinte" ou equivalentes;

III – para a obtenção de ordem lógica:

a) reunir sob as categorias de agregação – subseção, seção, capítulo, título e livro – apenas as disposições relacionadas com o objeto da lei;

b) restringir o conteúdo de cada artigo da lei a um único assunto ou princípio;

c) expressar por meio dos parágrafos os aspectos complementares à norma e as exceções à regra por este estabelecida;

d) promover as discriminações e enumerações por meio dos incisos, alíneas e itens (art. 11 da Lei Complementar n. 95/98).

A alteração da lei será feita:

I – mediante reprodução integral em novo texto, quando se tratar de alteração considerável;

II – mediante revogação parcial;

III – nos demais casos, por meio de substituição, no próprio texto, do dispositivo alterado, ou acréscimo de dispositivo novo, observadas as seguintes regras:

b) é vedada, mesmo quando recomendável, qualquer renumeração de artigos e de unidades superiores ao artigo, referidas no inciso V do art. 10, devendo ser utilizado o mesmo número do artigo ou unidade imediatamente anterior, seguido de letras maiúsculas, em ordem alfabética, tantas quantas forem suficientes para identificar os acréscimos;

c) é vedado o aproveitamento do número de dispositivo revogado, vetado, declarado inconstitucional pelo Supremo Tribunal Federal ou de execução suspensa pelo Senado Federal em relação à decisão do Supremo Tribunal Federal, devendo a lei alterada manter essa indicação, seguida da expressão "revogado", "vetado", "declarado inconstitucional, em controle concentrado, pelo Supremo Tribunal Federal', ou "execução suspensa pelo Senado Federal, na forma do art. 52, X, da Constituição";

d) é admissível a reordenação interna das unidades em que se desdobra o artigo, identificando-se o artigo assim modificado por alteração de redação, supressão ou acréscimo com as letras "NR" maiúsculas, entre parênteses, uma única vez ao seu final, obedecidas, quando for o caso, as prescrições da alínea *c* (art. 12 da Lei Complementar n. 95/98).

O termo "dispositivo" refere-se a artigos, parágrafos, incisos, alíneas ou itens.

5.4 Atos do Poder Executivo

Não são apenas as leis oriundas do Poder Legislativo que são fontes do Direito, mas também as normas provenientes do Poder Executivo.

No período em que o Poder Executivo podia expedir decretos-leis, foram baixadas várias normas; entre as vigentes, está a CLT (Decreto-Lei n. 5.452/43), que trata dos direitos trabalhistas dos empregados urbanos.

Medidas provisórias são adotadas em caso de relevância e urgência pelo Presidente da República (art. 62 da Constituição). Elas têm força de lei, mas não têm natureza de lei, pois são editadas pelo Presidente da República e não pelo Congresso Nacional.

Não podem ser editadas medidas provisórias sobre: matéria:

I – relativa a:

a) nacionalidade, cidadania, direitos políticos, partidos políticos e direito eleitoral;

b) direito penal, processual penal e processual civil;

c) organização do Poder Judiciário e do Ministério Público, a carreira e a garantia de seus membros;

d) planos plurianuais, diretrizes orçamentárias, orçamento e créditos adicionais e suplementares, ressalvado o previsto no art. 167, § 3º;

II – que vise a detenção ou sequestro de bens, de poupança popular ou qualquer outro ativo financeiro;

III – reservada a lei complementar;

IV – já disciplinada em projeto de lei aprovado pelo Congresso Nacional e pendente de sanção ou veto do Presidente da República.

As medidas provisórias perderão eficácia, desde a edição, se não forem convertidas em lei no prazo de 60 dias, prorrogável uma vez por igual período, devendo o Congresso Nacional disciplinar, por decreto legislativo, as relações jurídicas delas decorrentes. Se a medida provisória não for apreciada em até 45 dias contados de sua publicação, entrará em regime de urgência, subsequentemente, em cada uma das Casas do Congresso Nacional, ficando sobrestadas, até que se ultime a votação, todas as demais deliberações legislativas da Casa em que estiver tramitando. As medidas provisórias terão sua votação iniciada na Câmara dos Deputados. É vedada a reedição, na mesma sessão legislativa, de medida provisória que tenha sido rejeitada ou que tenha perdido sua eficácia por decurso de prazo.

Os decretos complementam as leis, regulamentando-as. Também são chamados de regulamentos de execução, porém não podem contrariar ou inovar seu conteúdo. Compete privativamente ao presidente da República expedir decretos e regulamentos para a fiel execução da lei (art. 84, IV, da Constituição).

Regulamentos de execução são os que contêm normas para a aplicação da lei. Têm natureza secundária em relação à lei.

Regulamentos independentes são decorrentes de poder normativo genérico que o legislador delegou à Administração Pública.

Os Ministérios do Poder Executivo muitas vezes expedem portarias, ordens de serviço, instruções normativas, circulares etc., que visam ao esclarecimento da lei e à sua interpretação.

Decreto é atribuição do presidente da República. Instrução normativa é atribuição de Ministro de Estado (art. 87, II, da Constituição).

5.5 Disposições contratuais

A autonomia privada das partes pode estabelecer negócios jurídicos entre as partes, instituindo regras.

Negócio jurídico é a regulamentação pelas próprias partes de interesses delas para certos temas, que é reconhecida pela ordem jurídica.

O negócio jurídico como categoria é "a hipótese normativa consistente em declaração de vontade". É a "manifestação de vontade que, pelas suas circunstâncias, é vista socialmente como destinada à produção de efeitos jurídicos".

O negócio jurídico como fato jurídico é consistente "em declaração de vontade, a que o ordenamento jurídico atribui os efeitos designados como queridos, respeitados os pressupostos de existência, validade e eficácia impostos pela norma jurídica que sobre ele incide"[11].

Há, portanto, pluralidade de fontes normativas, fontes estatais: a lei e fontes não estatais: os contratos, as convenções de condomínio, o regulamento interno da empresa, as convenções e os acordos coletivos, por exemplo.

Os contratos são leis entre as partes, fixando regras de conduta e até multas pelo inadimplemento de certa cláusula. São, portanto, fontes do Direito, como ocorre com o contrato de trabalho ou com qualquer contrato.

Existe necessidade de que haja manifestação da vontade das partes para firmar o contrato. Não pode haver contrariedade à previsão em lei.

Para a validade do negócio jurídico são necessários:

a) agente capaz;

b) objeto lícito, possível, determinado ou determinável. O objeto do negócio jurídico não pode ser ilícito, como da venda de entorpecentes. É impossível fazer a venda e compra da Lua;

c) forma prescrita ou não defesa em lei. A lei pode prever uma forma para o exercício do ato. Não pode haver proibição em lei, como da proibição do trabalho do menor de 16 anos (art. 7º, XXXIII, da Constituição) (art. 104 do Código Civil).

---

[11] AZEVEDO, Antonio Junqueira de. *Negócio jurídico*: existência, validade e eficácia. 4. ed. São Paulo: Saraiva, 2007, p. 16.

5.5.1 Convenção coletiva de trabalho

Convenção coletiva de trabalho "é o acordo de caráter normativo, pelo qual dois ou mais sindicatos representativos de categorias econômicas e profissionais estipulam condições de trabalho aplicáveis, no âmbito das respectivas representações, às relações individuais de trabalho" (art. 611 da CLT).

Convenção coletiva de trabalho é o negócio jurídico entre sindicato de empregados e sindicato de empregadores sobre condições de trabalho. Tem aplicação para a categoria.

Segundo o § 1º do art. 611 da CLT:

> É facultado aos Sindicatos representativos de categorias profissionais celebrar acordos coletivos com uma ou mais empresas da correspondente categoria econômica, que estipulem condições de trabalho, aplicáveis no âmbito da empresa ou das empresas acordantes às respectivas relações do trabalho.

Acordo coletivo de trabalho é o negócio jurídico entre o sindicato da categoria profissional e uma ou mais empresas pertencentes à categoria econômica sobre condições de trabalho. É aplicável aos empregados dessa empresa ou empresas que acordaram com o sindicato dos empregados.

O ponto em comum da convenção e do acordo coletivo é que neles são estipuladas condições de trabalho que serão aplicadas aos contratos individuais dos trabalhadores, tendo, portanto, efeito normativo. A diferença entre as figuras em comentário parte dos sujeitos envolvidos, consistindo em que o acordo coletivo é feito entre uma ou mais empresas e o sindicato da categoria profissional, sendo que na convenção coletiva o pacto é realizado entre sindicato da categoria profissional, de um lado, e sindicato da categoria econômica, de outro. A convenção coletiva é aplicável à categoria. O acordo coletivo é aplicável aos empregados da empresa ou empresas acordantes.

O acordo coletivo é uma espécie de convenção coletiva de trabalho.

O acordo coletivo atende a peculiaridades e situações particulares da empresa. Atinge a paz social entre as partes. Tem maior flexibilidade, pois pode ser modificado ou atualizado mais facilmente do que a lei.

Na verdade, existe apenas uma convenção coletiva, porém nossa legislação procurou diferenciar a convenção coletiva, que é pactuada entre sindicatos, do acordo coletivo, que é realizado entre sindicato profissional e empresa ou empresas. Outras legislações não fazem essa distinção.

Distingue-se a convenção coletiva dos pactos sociais. Os pactos são trilaterais (Estados, empregados e empregadores). A convenção coletiva é bilateral. Concertação social é o procedimento. Pacto social é o instrumento resultado da negociação.

Na convenção coletiva de trabalho são fixadas regras de trabalho para a categoria pelos sindicatos de empregado e de empregador. No contrato individual de trabalho são pactuadas regras de trabalho entre o empregador e um empregado específico.

As questões que podem ser objeto de negociação coletiva, que prevalecerá sobre o legislado, estão previstas no art. 611-A da CLT. O negociado não prevalece sobre o legislado nas hipóteses previstas no art. 611-B da CLT.

Dispõe o art. 620 da CLT que o acordo coletivo de trabalho sempre prevalecerá sobre a convenção coletiva de trabalho. O legislador adota a ideia de que o acordo coletivo de trabalho é mais específico e peculiar que a convenção coletiva. Esta é genérica e vale para a categoria.

5.6 Usos e costumes

Direito costumeiro ou consuetudinário é o não escrito, decorrente do costume.

"Consuetudinário" vem do latim *consuetudine*, que tem o significado de costume.

Os romanos usavam a palavra *consuetudo* para significar costume. Empregavam também a palavra *mores*, que indica os costumes em geral, e *mores maiorum*, para designar os costumes dos antepassados.

Na reiterada aplicação de certo costume pela sociedade é que se pode originar a norma legal.

Antecedeu o costume à lei, pois os povos não conheciam a escrita. O direito costumeiro era ligado à religião e as modificações eram feitas muito lentamente.

A Lei das XII Tábuas é uma espécie de consolidação de usos e costumes do povo do Lácio. Era esculpida na tábua, para conhecimento de todos, o que o poder do costume tinha revelado.

Os Consuetudines de Gênova, de 1056, e o Constitutum usus, de 1161, de Pisa, dão origem ao Direito Comercial.

A Lei da Boa Razão, de 18 de agosto de 1769, só admitia o costume se não fosse contra a lei, se fosse racional, não contrariasse os princípios da justiça, além de ter 100 anos de existência. Com o Código Civil de 1916, o costume passou a ter apenas função supletiva e interpretativa.

Nos países que adotam o sistema da *common law*, não existe lei escrita. As normas são decorrentes dos costumes e da tradição. Há os precedentes judiciais, que influenciam outras decisões. É um direito originário das decisões judiciais: *judge made law*.

As sociedades modernas passaram a se utilizar das leis, e o costume passou a ocupar posição secundária entre as fontes do Direito.

Em muitas legislações usam-se indistintamente as palavras *uso* e *costume*. Em outras legislações, utiliza-se a expressão *usos e costumes*, como na brasileira e na espanhola.

O costume é a vontade social decorrente de uma prática reiterada, de certo hábito, de seu exercício.

O uso transforma-se em costume quando a prática é obrigatória entre as pessoas.

Compreende o uso o elemento objetivo do costume, que é a reiteração em sua utilização. A observância do uso não é, porém, sempre garantida. No uso nem sempre há o elemento subjetivo da *opinio iuris*, da convicção de sua obrigatoriedade pelas pessoas. O costume tem valor normativo e existe sanção por seu descumprimento, que pode até mesmo ser moral. O uso não é fonte do direito objetivo, enquanto o costume tem essa característica, não podendo deixar de ser observado.

Distingue-se a lei do costume, pois a primeira é escrita.

Surge o costume da prática de certa situação. Não tem forma prevista ou é escrito, nem é controlado. Perde sua vigência pelo desuso, pois esta é decorrência de sua eficácia[12]. Não tem prazo certo de vigência.

O costume é espontâneo. É elaborado e cumprido pelo grupo.

A lei é proveniente do Poder Legislativo. Tem um processo técnico para sua elaboração, sendo escrita. O costume não se promulga, é criado, formado no curso do tempo.

Adapta-se o costume à realidade, correspondendo a ela, pois, do contrário, desaparece. A lei, de modo geral, é rígida diante da realidade social evolutiva, e perde, muitas vezes, correspondência com a realidade.

Havendo um conflito entre a lei e o costume, prevalece a primeira.

Se o ato deve ser observado por sua consciência, sujeita-se a uma regra moral. Se deve ser observado por todos, é uma regra jurídica ou costume com eficácia jurídica.

A teoria da vontade popular afirma que a obrigatoriedade do costume provém da vontade tácita ou presumida do povo. Há costumes, porém, que são ignorados pelo povo.

---

[12] REALE, Miguel. *Lições preliminares de direito*. 23. ed. São Paulo: Saraiva, 1996, p. 156-157.

A teoria da convicção jurídica de Savigny entende que o costume decorre de dois elementos. O primeiro é de natureza objetiva e externa. Deve haver a prática uniforme e reiterada de certos atos. O segundo elemento é subjetivo e interno, mostrando a convicção jurídica (*opinio juris et necessitate*), a certeza da imprescindibilidade da norma. Juntando ambos os elementos, há a obrigatoriedade[13].

Planiol sustenta a teoria da razoabilidade judicial, no sentido de que a obrigatoriedade do costume decorre das decisões judiciais[14]. Os juízes não criam o direito, mas o interpretam.

Só haverá o costume jurídico quando:

a) seja habitual um comportamento durante certo período;

b) esse comportamento obrigue a consciência social.

No costume há dois fatores:

a) objetivo: que é seu uso prolongado;

b) subjetivo: a convicção jurídica e a certeza de sua imprescindibilidade (*opinio iuris est necessitatis*).

Torna-se o costume Direito quando as pessoas que o praticam reconhecem-lhe a obrigatoriedade, como se fosse uma lei.

Não basta, porém, que haja um uso prolongado do costume, mas que seja observado pelas pessoas obrigatoriamente.

Muitas vezes, é do costume que acaba surgindo a norma legal, servindo de base para a criação desta última regra.

Classifica-se o costume em:

a) *extra legem* (fora da lei) ou *praeter* (além de) *legem*, que atua na hipótese de lacuna da lei. Quando a lei for omissa, o juiz decidirá de acordo com a analogia, os costumes e os princípios gerais de direito (art. 4º do Decreto-Lei n. 4.657/42);

b) *secundum legem*, segundo o que dispõe a lei e que a interpreta. No contrato de prestação de serviços, não se tendo estipulado nem chegado a acordo entre as partes, fixar-se-á por arbitramento a retribuição, segundo o costume do lugar, o tempo de serviço e sua qualidade (art. 596 do Código Civil). A retribuição deve ser paga depois de prestado o serviço, se, por convenção, ou costume, não houver de ser adiantada, ou paga em prestações (art. 597 do Código Civil);

---

[13] SAVIGNY, Friedrich Carl von. *Traité de droit romain*. Paris: Librairie Firmin Didot Frères, 1855, 1/169.

[14] PLANIOL, Marcel. *Traité élementaire de droit civil*. 12. ed. Paris: Librairie Generale de Droit e de Jurisprudence, 1923, v. 1, n. 11.

c) *contra legem*, que contraria o disposto na norma legal. O costume ab-rogatório cria uma nova regra. O costume *contra legem* indica a não aplicação da lei. Quando a lei não é aplicada, chama-se desuso.

Manoel Alonso García classifica o costume:

a) de nascimento independente, dando o exemplo de disposições expressas que atribuem ao uso ou ao costume a função de fonte reguladora das condições do contrato de trabalho;

b) costume ao qual remete a lei;

c) costume só aplicável na falta da lei[15].

Pode o costume ser proveniente de determinado lugar, onde é observado, ou de certo ofício ou profissão, tendo característica profissional.

As funções do costume são:

a) supletiva ou integrativa, em que serve para suprir as lacunas da lei;

b) interpretativa, aclarando o conteúdo da norma legal.

Dispõe o art. 4º do Decreto-Lei n. 4.657/42 que, sendo a lei omissa, o juiz decidirá o caso de acordo com os costumes.

Permite o art. 8º da CLT que as autoridades administrativas e a Justiça do Trabalho, na falta de disposições legais e contratuais, decidirão, conforme o caso, de acordo com os usos e costumes, mas sempre de maneira que nenhum interesse de classe ou particular prevaleça sobre o interesse público. Indica o art. 8º da CLT que os usos e costumes são fontes supletivas, na falta de disposições legais e contratuais sobre questões trabalhistas.

Por intermédio dos estabelecimentos de ensino, sindicatos, associações de classe, Fundação Jorge Duprat Figueiredo de Segurança e Medicina do Trabalho (FUNDACENTRO), órgãos públicos e outros meios, serão promovidas regularmente instrução e formação com vistas a incrementar costumes e atitudes prevencionistas em matéria de acidente, especialmente do trabalho (art. 119 da Lei n. 8.213/91).

Nos países da *common law*, o Direito costumeiro obriga quando os precedentes judiciais o consagram, como ocorre na Inglaterra. Os precedentes judiciais são utilizados para casos semelhantes que irão ser julgados.

A parte que alegar o direito consuetudinário (do latim *consuetudine*, costumeiro) deve provar o seu teor e a sua vigência, se assim o juiz determinar (art. 376 do CPC).

---

[15] ALONSO GARCÍA, Manoel. *Curso de derecho del trabajo*. 5. ed. Barcelona: Ariel, 1975, p. 182-184.

5.7 Jurisprudência

A jurisprudência também exerce importante papel no Direito, mas a verdadeira fonte é a legislação.

"Jurisprudência" vem de *iurisprudentia*, que era o direito dos escritos dos *iuris prudentes* ou conhecedores do direito, na época clássica romana. As respostas dadas por essas pessoas eram consideradas como se fossem leis. Jurisprudência é o conjunto de reiteradas decisões dos tribunais sobre certa matéria. Súmula é o resumo dos tópicos principais das decisões predominantes dos tribunais em determinada matéria.

A jurisprudência pode ser considerada fonte do Direito. Ela representa o caminho predominante em que os tribunais entendem de aplicar a lei, suprindo, inclusive, eventuais lacunas desta última. Dispõe o § 2º do art. 102 da Constituição que:

> as decisões definitivas de mérito, proferidas pelo Supremo Tribunal Federal, nas ações diretas de inconstitucionalidade e nas ações declaratórias de constitucionalidade produzirão eficácia contra todos e efeito vinculante, relativamente aos demais órgãos do Poder Judiciário e à administração pública direta e indireta, nas esferas federal, estadual e municipal.

O Supremo Tribunal Federal poderá, de ofício ou por provocação, mediante decisão de dois terços de seus membros, após reiteradas decisões sobre matéria constitucional, aprovar súmula que, a partir de sua publicação na imprensa oficial, terá efeito vinculante em relação aos demais órgãos do Poder Judiciário e à administração pública direta e indireta, nas esferas federal, estadual e municipal, bem como fazer a sua revisão ou cancelamento, na forma estabelecida em lei (art. 103-A da Constituição).

A súmula terá por objetivo a validade, a interpretação e a eficácia de normas determinadas, acerca das quais haja controvérsia atual entre órgãos judiciários ou entre estes e a administração pública que acarrete grave insegurança jurídica e relevante multiplicação de processos sobre questão idêntica. Súmula é o resumo da jurisprudência predominante do tribunal a respeito de certo tema[16]. Em razão da repetição de julgados num mesmo sentido é editada a súmula. Ela interpreta o conteúdo da lei.

O parágrafo único do art. 28 da Lei n. 9.868/99 estabelece que a declaração de constitucionalidade ou de inconstitucionalidade, inclusive a interpretação conforme a Constituição e a declaração parcial de inconstitucionalidade sem redução de texto, tem eficácia contra todos e efeito vinculante em relação aos órgãos do Poder Judiciário e à Administração Pública federal, estadual e municipal.

---

[16] MARTINS, Sergio Pinto. *Comentários à CLT*. 23. ed. São Paulo: Saraiva, 2020, p. 59.

O CPC de 2015 estabelece que os tribunais devem uniformizar sua jurisprudência e mantê-la estável (art. 926). Os juízes observarão a orientação do plenário ou do órgão especial aos quais estiverem vinculados (art. 927, V). Dispõe o inciso VI do § 1º do art. 489 do CPC que não se considera fundamentada a sentença que deixar de seguir enunciado de súmula, jurisprudência ou precedente invocado pela parte, sem demonstrar a existência de distinção no caso em julgamento ou a superação do entendimento. A súmula, a jurisprudência ou o precedente passam a ser fontes de direito. Assim, passamos de um sistema de *civil law* para um sistema de *common law*, em que a jurisprudência e os precedentes são considerados fonte de direito e devem ser respeitados. Os fundamentos do respeito à jurisprudência seriam a estabilidade das decisões, evitando alterações bruscas na jurisprudência e a segurança jurídica.

A jurisprudência não cria exatamente o direito. Interpreta-o.

Kelsen afirma que a jurisprudência seria uma norma jurídica individual: "Os tribunais aplicam as normas jurídicas gerais ao estabelecerem normas individuais, determinadas, quanto ao seu conteúdo, pelas normas jurídicas gerais, e nas quais é estatuída uma sanção concreta: uma execução civil ou uma pena"[17].

Na verdade, a jurisprudência não é uma norma jurídica individual, pois ela não é editada pelo Poder Legislativo. Ela aplica o Direito existente ao caso concreto que lhe foi submetido à apreciação.

5.8 Doutrina

Consiste a doutrina nos estudos dos juristas, dos autores, dos professores e estudiosos de Direito. É consubstanciada nos tratados, compêndios, cursos, manuais, monografias, teses, artigos, comentários.

Procura a doutrina mostrar como se interpreta o Direito ou qual é a interpretação que deve ser dada a certa norma jurídica.

No Direito Romano, o imperador Teodósio II criou o Tribunal dos Mortos. Eram consideradas vinculativas as opiniões dos jurisconsultos Papiniano, Gaio, Ulpiano e Modestino. Em caso de empate, prevalecia a opinião de Papiniano.

O Digesto de Justiniano era a compilação da doutrina dos juristas romanos do período clássico.

No Direito Romano, a doutrina era considerada fonte formal do Direito.

Na Idade Média, se os doutores estavam de acordo sobre determinada questão jurídica, a doutrina tinha grande autoridade. Chamava-se *communis opinio doctorum*.

---

[17] KELSEN, Hans. *Teoria pura do direito*. 4. ed. Coimbra: Armênio Amado, 1976, p. 328.

O Código de Napoleão de 1804 foi inspirado pela doutrina de Domat e Pothier.

Na Alemanha, antes da edição do Código Civil de 1900, o Direito era constituído pela opinião da doutrina. O referido código foi inspirado pela doutrina de Windscheidt. O Direito Romano era fonte subsidiária.

O Código Civil suíço admite, na falta de lei ou de costume, a opinião dos juristas como fonte de Direito.

Washington de Barros Monteiro afirma que a doutrina seria uma fonte indireta ou mediata do Direito[18].

A doutrina pode ser classificada em:

a) *secundum legem*, em que a interpretação é feita com base no direito positivo vigente;

b) *praeter legem*, em que a doutrina é usada para dar soluções nas lacunas da lei;

c) *contra legem*, em que a doutrina é contrária ao direito vigente.

A doutrina também se constitui em valioso subsídio para a análise do Direito, mas não se pode dizer que venha a ser uma de suas fontes, justamente porque não é obrigatória. Os juízes não estão obrigados a observar a doutrina em suas decisões, tanto que a doutrina muitas vezes não é pacífica, tendo posicionamentos opostos.

A jurisprudência, porém, muitas vezes influencia a legislação e a jurisprudência.

A analogia, a equidade, os princípios gerais de direito e o Direito Comparado não constituem fontes formais e, sim, critérios de integração da norma jurídica.

5.9 Hierarquia

Há hierarquia de uma fonte sobre a outra quando existe superioridade da primeira em relação à segunda ou supremacia de uma sobre a outra, em que a segunda é subordinada à primeira.

No sistema do *common law*, o costume e o precedente judicial são fontes principais do Direito. Nos sistemas que têm por fundamento o Direito Romano, a lei é a principal fonte.

Para Hans Kelsen, o ordenamento jurídico forma uma verdadeira unidade, que tem sua validez na constituição estatal. Há uma série de ordenamentos subordinados a uma hierarquia de graus sucessivos (*Stufenbau der Rechtsordnung*). O fundamento de validade dessa unidade é a norma fundamental (*Grundnorm*). É a norma funda-

---

[18] MONTEIRO, Washington de Barros. *Curso de direito civil*. 39. ed. São Paulo: Saraiva, 2003, v. 1, p. 20.

mental que constitui a unidade de uma pluralidade de normas enquanto representa o fundamento de validade de todas as normas pertencentes a essa ordem normativa[19]. Existe uma pirâmide jurídica, cujo vértice é a Constituição. Após esta, vem a lei ordinária, que está subordinada à Constituição e está abaixo dela.

O art. 59 da Constituição dispõe quais são as normas existentes no sistema jurídico brasileiro. Não menciona que haja hierarquia entre umas e outras. A hierarquia entre as normas somente viria a ocorrer quando a validade de determinada norma dependesse de outra, onde esta regularia inteiramente a forma de criação da primeira norma.

É certo que a Constituição é hierarquicamente superior às demais normas, pois o processo de validade destas é regulado pela primeira. Abaixo da Constituição estão os demais preceitos legais, cada qual com campos diversos: leis complementares, leis ordinárias, decretos-leis (nos períodos em que existiram), medidas provisórias, leis delegadas, decretos legislativos e resoluções. Não há dúvida de que os decretos são hierarquicamente inferiores às leis, até porque não são emitidos pelo Poder Legislativo, mas pelo Poder Executivo. Após os decretos, há normas internas da Administração Pública, como portarias, circulares, ordens de serviço etc., que são hierarquicamente inferiores aos decretos.

A exceção diz respeito à hipótese do parágrafo único do art. 59 da Constituição, quando determina que a lei complementar disporá sobre a elaboração, redação, alteração e consolidação das leis. Foi editada a Lei Complementar n. 95/98, que tratou do tema. As leis devem observar a referida lei complementar, daí se podendo dizer que ela tem hierarquia superior a outras leis.

Os tratados e as convenções internacionais dependem da aprovação do Congresso do Estado que os ratificar. Assim, deve ser aprovado por uma norma estatal, que é o decreto legislativo, estando, porém, subordinado à previsão da Constituição. Os tratados e as convenções internacionais sobre direitos humanos que foram aprovados, em cada Casa do Congresso Nacional, em dois turnos, por três quintos dos votos dos respectivos membros, serão equivalentes às emendas constitucionais (§ 3º do art. 5º da Constituição). A hierarquia será, portanto, de emenda constitucional.

O processo legislativo compreende a elaboração de:

I – emendas à Constituição;

II – leis complementares;

III – leis ordinárias;

IV – leis delegadas;

---

[19] KELSEN, Hans. *Teoria pura do direito*. São Paulo: Martins Fontes, 1997, p. 217.

V – medidas provisórias;

VI – decretos legislativos;

VII – resoluções (art. 59 da Constituição).

Lei complementar disporá sobre elaboração, redação, alteração e consolidação das leis.

Questionário

1. O que é fonte?
2. O que é fonte normal?
3. O que é fonte material?
4. Quais são as fontes do Direito?
5. Como são formadas as leis?
6. A jurisprudência e a doutrina são fontes do Direito?

6
Interpretação das normas de Direito

Na aplicação da lei, o juiz atenderá aos fins sociais a que ela se dirige e às exigências do bem comum (art. 5º da Lei de Introdução).

Se há duas ou mais normas sobre a mesma matéria, começa a surgir o problema de qual delas deva ser aplicada.

6.1 Conceito

Interpretar é explicar, esclarecer, indicar o conteúdo, o alcance, o sentido da palavra, frase ou norma. É uma operação mental que diz respeito ao processo de aplicação da norma.

Interpretar a norma é compreender o que o legislador quer dizer. É a análise da norma jurídica que vai ser aplicada aos casos concretos. É revelar o sentido do conteúdo da norma jurídica e o seu alcance.

Costuma-se utilizar o brocardo *in claris cessat interpretatio*. Esse brocardo é mais próximo da afirmação de Paulo de que, "quando nas palavras não existe ambiguidade, não se deve admitir pesquisa acerca da vontade ou intenção" (Digesto, liv. 32, título 3, frag. 25, § 1).

Entretanto, toda norma demanda interpretação.

Ulpiano já dizia que, "embora claríssimo o edito do pretor, contudo não se deve descurar da interpretação respectiva".

Savigny leciona que "admitir uma imperfeição acidental das leis como condição necessária da interpretação, é considerá-la como remédio a um mal, remédio cuja necessidade deve diminuir à medida que as leis se tornem mais perfeitas"[1].

Jhering leciona que:

> a palavra nada mais faz que provocar um pensamento semelhante e torná-lo possível; produz apenas, na alma de quem ouve, um movimento intelectual semelhante ao que produz na alma de quem fala. Falar é provocar um momento: movimento físico no ar ambiente; movimento intelectual no cérebro do ouvinte. O ar ambiente não transporta a palavra, como o vento transporta a folha: a palavra que nós ouvimos não é mais do que uma vibração de nosso espírito mais ou menos semelhante à do espírito daquele que fala.

Entendia que a interpretação seria "através do Direito Romano, mas também acima e além dele".

Radbruch menciona o cartaz existente na estação ferroviária na Polônia: "é proibido entrar com cães". Um dia chegou na estação um camponês que trazia consigo um urso. O funcionário da estação de trem proibiu o campesino de entrar na estação. Este protestou, alegando que o cartaz proibia unicamente a entrada de cães e não de outros animais. A interpretação literal e lógica permitiria a entrada do urso na estação.

Leciona Recasens Siches que, se na resolução deste caso forem aplicados unicamente os instrumentos da lógica tradicional, a entrada do camponês na estação deveria ser garantida, ao passo que a entrada de um cego acompanhado de seu cão-guia deveria ser proibida. Se o legislador houvesse querido proibir a entrada acompanhada com urso, deveria usar de dois caminhos para fazê-lo: colocar a palavra ursos em continuação à palavra "cães"; ou bem haver empregado uma designação mais ampla, por exemplo: animais de certo tamanho, animais perigosos, ou animais que podem ocasionar moléstias aos viajantes, ou simplesmente animais[2]. O certo, portanto, seria dizer é proibido entrar com qualquer animal.

6.2 Espécies

Quanto às fontes que interpretam a norma, podem ser: autêntica, doutrinária, jurisprudencial.

Quanto à origem, a interpretação pode ser autêntica/pública ou privada/doutrinária; quanto ao resultado: declarativa, ab-rogante, extensiva, restritiva; quanto à natureza: literal, lógica, histórica, sistemática.

---

[1] SAVIGNY, Friedrich Carl von. *Traité de droit romain*. Paris: Librairie Firmin Didot Frères, 1855.
[2] RECASENS SICHES, Luiz de. *Nuova filosofia de la interpretación del derecho*. México: Fondo de Cultura Económica, 1956, p. 156.

Interpretação autêntica é a realizada pelo próprio órgão que editou a norma, que irá declarar seu sentido, alcance e conteúdo, por meio de outra norma jurídica. Também é chamada de interpretação legal ou legislativa. Na interpretação autêntica há coincidência do autor da declaração e do autor da interpretação. Kelsen entende que o intérprete autêntico é o juiz. O juiz é um intérprete da norma, nas questões que lhe chegam à apreciação, mas não é autêntico, pois não foi ele que elaborou a norma.

Interpretação doutrinária é feita pela doutrina, pelos juristas, professores, articulistas.

Interpretação jurisprudencial é a feita pelos tribunais, que formam a sua jurisprudência sobre determinado assunto e a aplicam de forma reiterada.

Quanto aos meios, a interpretação pode ser: gramatical, lógica, histórica e sistemática.

Interpretação gramatical, literal (*verba legis*) ou filológica consiste em verificar qual o sentido do texto gramatical da norma jurídica. É analisado o valor semântico das palavras utilizadas no texto da norma. Verifica-se o alcance das palavras encerradas no texto da lei. Deve-se observar a linguagem comum empregada pelo legislador; porém, se são utilizados termos técnicos, o conceito destes deve prevalecer.

A interpretação literal não é a melhor forma de interpretação. Afirma Francesco Ferrara que a interpretação literal é o grau mais baixo de interpretação. Toda interpretação deve iniciar-se pela análise gramatical do texto legal, e não por aquilo que se imagina dele[3].

A lei não contém palavras inúteis (*verba cum effectu sunt accipienda*).

Interpreta-se literalmente a norma que outorgue isenção (art. 111, II, do CTN).

Interpretação lógica (*mens legis*) é a que estabelece uma conexão entre vários textos legais a serem interpretados. São verificadas as proposições enunciadas pelo legislador. Examina-se a lógica e as proposições do legislador. Parte-se de uma premissa menor e passa-se para uma premissa maior, chegando à conclusão.

Verifica-se na interpretação histórica que o Direito decorre de um processo evolutivo. Há necessidade de analisar, na evolução histórica dos fatos, o pensamento do legislador não só à época da edição da lei, mas também de acordo com sua exposição de motivos, mensagens, emendas, discussões parlamentares etc. O Direito, portanto, é uma forma de adaptação do meio em que vivemos em razão da

---

[3] FERRARA, Francesco. *Interpretação e aplicação das leis*. São Paulo: Saraiva, 1934, p. 34.

evolução natural das coisas. A interpretação histórica reconstrói a vontade do legislador quando da elaboração da lei.

Na interpretação sistemática, interpreta-se o dispositivo legal de acordo com a análise do sistema no qual está inserido, sem se ater à interpretação isolada de um dispositivo, mas, sim, a seu conjunto. São comparados vários dispositivos para constatar-se o que o legislador pretende dizer, como de outras leis, mas que tratem de questão semelhante. A lei está inserida dentro de uma estrutura, razão pela qual as partes componentes dessa estrutura devem ser analisadas.

Já não se admitia em Roma que o juiz decidisse apenas de acordo com uma parte da lei. Deveria examinar a norma no seu conjunto. Celso dizia que "é contra Direito julgar ou emitir parecer tendo diante dos olhos, em vez da lei em conjunto, só uma parte dela" (*incivile est, nisi tota lege perspecta, una aliqua particula eis proposita, iudicare, vel respondere*) (Digesto, liv. 1, tít. 3, frag. 24).

Carlos Maximiliano afirma que

> não se encontra um princípio isolado, em ciência alguma; acha-se cada um em conexão íntima com outros. O Direito objetivo não é um conglomerado caótico de preceitos; constitui vasta unidade, organismo regular, sistema, conjunto harmônico de normas coordenadas, em interdependência metódica, embora fixada cada uma no seu lugar próprio. De princípios jurídicos mais ou menos gerais deduzem corolários; uns e outros se condicionam e restringem reciprocamente, embora se desenvolvam de modo que constituam elementos autônomos operando em campos diversos.
> Cada preceito, portanto, é membro de um grande todo; por isso do exame em conjunto resulta bastante luz para o caso em apreço[4].

Afirma Francesco Ferrara que "deve-se partir do conceito de que todas as palavras têm no discurso uma função e um sentido próprio, de que neste não há nada supérfluo ou contraditório, e por isso o sentido literal há de surgir da compreensão harmônica de todo o contexto"[5].

Assevera Jorge Miranda que deve "assentar-se no postulado de que todas as normas constitucionais são verdadeiras normas jurídicas e desempenham uma função útil no ordenamento. A nenhuma pode dar-se uma interpretação que lhe retire ou diminua a razão de ser ..."[6].

---

[4] MAXIMILIANO, Carlos. *Hermenêutica e aplicação do direito*. 8. ed. Rio de Janeiro: Freitas Bastos, 1965, p. 140.

[5] FERRARA, Francesco. *Interpretação e aplicação das leis*. 2. ed. São Paulo: Saraiva, 1937, p. 35.

[6] MIRANDA, Jorge. *Teoria do estado e da Constituição*. Rio de Janeiro: Forense, 2003, p. 452.

Caio Mário da Silva Pereira informa que o legislador guarda a presunção de sabedoria, que é incompatível com a existência de expressões ou regras inúteis. A obra de hermenêutica não pode fazer abstração de qualquer termo utilizado pelo legislador, mas perquirir o sentido da frase no jogo de todas as suas partes[7].

Quanto aos resultados, a interpretação pode ser: declarativa, extensiva, restritiva, finalística (teleológica).

Interpretação declarativa ocorre quando a redação da norma jurídica corresponde exatamente ao seu alcance.

Interpretação extensiva ou ampliativa ocorre quando se dá um sentido mais amplo à norma a ser interpretada do que ela normalmente teria. A norma diz menos do que o seu real alcance.

Na interpretação restritiva ou limitativa, dá-se um sentido mais restrito, limitado, à interpretação da norma jurídica. Os negócios jurídicos benéficos e a renúncia interpretam-se estritamente (art. 114 do Código Civil). A fiança não admite interpretação extensiva (art. 819 do Código Civil), mas apenas restritiva.

A interpretação teleológica ou finalística analisa o dispositivo legal de acordo com o fim colimado pelo legislador. Na aplicação da lei, o juiz atenderá aos fins sociais a que ela se dirige e às exigências do bem comum (art. 5º da Lei de Introdução).

Interpretação corretiva é a que corrige o sentido da norma que tinha sido estabelecido.

Na interpretação sociológica se constata a realidade e a necessidade social na elaboração da lei e em sua aplicação. A própria Lei de Introdução às Normas do Direito Brasileiro determina que o juiz, ao aplicar a lei, deve ater-se aos fins sociais a que ela se dirige e às exigências do bem comum (art. 5º).

Interpretação administrativa é a feita pelos órgãos da Administração Pública, como pode ocorrer em relação a tributos, em que são expedidas instruções normativas.

Interpretação razoável é a que dá interpretação satisfatória para o caso dos autos.

Interpretação ab-rogante ocorre quando há incompatibilidade ou contrariedade entre dois preceitos legais. Se uma tem mais importância ou hierarquia, prevalece sobre a outra.

Não há uma única interpretação a ser feita, mas seguem-se os métodos de interpretação mencionados acima.

---

[7] PEREIRA, Caio Mário da Silva. *Instituições de direito civil*. Rio de Janeiro: Forense, 1990, p. 138.

Muitas vezes, a interpretação literal do preceito legal, ou a interpretação sistemática (ao se analisar o sistema no qual está inserida a lei, em seu conjunto), é que dará a melhor solução ao caso que se pretenda resolver.

Nas declarações de vontade se atenderá mais à intenção nelas consubstanciada do que ao sentido literal da linguagem (art. 112 do Código Civil).

Os negócios jurídicos devem ser interpretados conforme a boa-fé e os usos do lugar de sua celebração (art. 113 do Código Civil).

A interpretação do negócio jurídico deve lhe atribuir o sentido que: I – for confirmado pelo comportamento das partes posterior à celebração do negócio; II – corresponder aos usos, costumes e práticas do mercado relativas ao tipo de negócio; III – corresponder à boa-fé; IV – for mais benéfico à parte que não redigiu o dispositivo, se identificável; V – corresponder a qual seria a razoável negociação das partes sobre a questão discutida, inferida das demais disposições do negócio e da racionalidade econômica das partes, consideradas as informações disponíveis no momento de sua celebração (§ 1º do art. 113 do Código Civil).

As partes poderão livremente pactuar regras de interpretação, de preenchimento de lacunas e de integração dos negócios jurídicos diversas daquelas previstas em lei (§ 2º do art. 113 do Código Civil).

A lei penal posterior, que de qualquer modo favorecer o agente, aplica-se aos fatos anteriores, ainda que decididos por sentença condenatória transitada em julgado (parágrafo único do art. 2º do Código Penal).

A lei tributária que define infrações, ou lhe comina penalidades, interpreta-se da maneira mais favorável ao acusado, em caso de dúvida quanto:

a) à capitulação legal do fato;

b) à natureza ou às circunstâncias materiais do fato, ou à natureza ou extensão dos seus efeitos;

c) à autoria, imputabilidade ou punibilidade;

d) à natureza da penalidade aplicável ou à sua graduação (art. 112 do CTN).

Interpretam-se em favor da liberdade econômica, da boa-fé e do respeito aos contratos, aos investimentos e à propriedade todas as normas de ordenação pública sobre atividades econômicas privadas (§ 2º do art. 1º da Lei n. 13.874).

As cláusulas contratuais serão interpretadas de maneira mais favorável ao consumidor (art. 47 do CDC), pois o contrato é de adesão e o consumidor não tem o que discutir no pacto celebrado. Ou aceita em bloco o contrato, ou não se faz o contrato.

Os tratados, convenções e outros acordos internacionais de que Estado estrangeiro ou organismo internacional e o Brasil sejam partes, e que versem sobre matéria previdenciária, serão interpretados como lei especial (art. 85-A da Lei n. 8.212/91).

A Lei Maior é interpretada conforme a Constituição, pois ela tem hierarquia superior às demais normas. Presume-se que as normas infraconstitucionais são constitucionais.

O *caput* do art. 20 da Lei de Introdução afirma "nas esferas administrativa, controladora e judicial, não se decidirá com base em valores jurídicos abstratos sem que sejam consideradas as consequências práticas da decisão".

Interpretam-se em favor da liberdade econômica, da boa-fé e do respeito aos contratos, aos investimentos e à propriedade todas as normas de ordenação pública sobre atividades econômicas privadas.

Cícero dizia que a "exceção confirma a regra nos casos não excepcionados" (*exceptio probat regulam in casibus non exceptis*).

6.3 Hermenêutica

6.3.1 *Conceito*

Hermenêutica é a ciência que estuda a interpretação e aplicação da norma. A palavra provém de Hermes, o deus da arte de compreender, expressar, explicar, descobrir o sentido. Era uma homenagem a esse deus, que era considerado eloquente e o mensageiro dos deuses.

A interpretação é um processo. A Hermenêutica é que vai estudar o referido processo.

Existem várias escolas de hermenêutica.

6.3.2 *Glosadores*

Os Glosadores, na Idade Média, com a redescoberta do *Corpus Juris Civiles*, passaram a interpretá-lo mediante glosas marginais e interlineares. Usavam mais o método gramatical, pois temiam desnaturarem o espírito do conjunto legislativo e sistemático.

6.3.3 *Escola da Exegese*

"Exegese" vem do grego *ex gestain*, que tem o sentido de conduzir para fora.

A Escola da Exegese ou método tradicional entende o Direito positivo como a lei escrita.

Os casos concretos devem ser resolvidos pela aplicação da lei imposta pelo Estado. A lei está dentro de um sistema e devem ser usados os conceitos desse sistema. Alega que o intérprete do direito é um escravo da lei. Os códigos não deixam nada ao arbítrio do intérprete. Este não tem por missão fazer o direito. O direito está feito. O jurisconsulto apenas aplica a lei (Laurent).

Laurent afirma que "os códigos nada deixam ao arbítrio do intérprete; não tem este a missão de construir o direito, pois o direito está feito. Dissipou-se a incerteza; o direito está escrito nos textos autênticos" (*Principes de droit civil*).

Bugnet assevera que "não conheço o direito civil, só ensino o Código de Napoleão" (*Cours de droit civil français*).

Demolombe afirmava: "os textos acima de tudo".

Domat menciona que o objetivo do intérprete seria descobrir, por meio da norma jurídica, e revelar – a vontade, a intenção, o pensamento do legislador (*Teoria da interpretação das leis*).

São adeptos dessa Escola: Marcadé, Aubry-Rau e Baudry Lacantinerie.

É a escola existente na França, por volta da edição do Código Civil de Napoleão, que o interpretava. Buscava-se a intenção do legislador. Na verdade, o legislador não pode prever tudo.

6.3.4 Escola Histórica

Escola Histórica é a que entende que a lei deve ser interpretada de acordo com a vontade do legislador. É a adaptação dos textos aos fatos.

O direito é um produto da história.

O Direito não é um produto racional do legislador, mas o resultado da consciência popular (*Volksgeist*).

Essa escola tem como um de seus defensores Savigny[8].

6.3.5 Escola do Direito livre

A Escola do Direito livre preconiza que a lei não irá ser aplicada imediatamente, mas compreende criação jurídica.

A lei não cria o Direito, pois é genérica. Entre as várias possibilidades, caberá ao juiz escolher a solução mais justa para o litígio.

É representante dessa escola Oskar Bülow. Mencionava que deveria ser observada uma concepção sociológica do Direito.

---

[8] SAVIGNY, Friedrich Carl Von. *Traité de droit romain*. Paris: Librairie de Firmin Didot Frères, 1855.

Ehrlich, em 1903, menciona que o juiz deve abandonar a lei e ir contra ela quando assim exigirem as circunstâncias do caso novo.

Kantoroviwcs, em 1906, afirma que não se deve apegar ao Direito do Estado, mas o Direito seria livremente elaborado. O juiz deveria julgar conforme a ciência e sua consciência. Primeiro ele deveria empregar o Direito costumeiro. Depois, se não houver esgotado tal direito, deveria aplicar as regras que ele próprio faria se fosse legislador, dentro de sua consciência jurídica. Deveria ser observado o Direito justo, mesmo na falta de previsão legal ou contra a própria lei. O direito livre, no século XX, representaria o "direito natural rejuvenescido". "Não se preocupe com os textos; despreze qualquer interpretação, construção, ficção ou analogia; inspire-se de preferência nos dados sociológicos e siga o determinismo dos fenômenos. O juiz pode decidir até mesmo contra a disposição da lei (*contra legem*), visando o direito justo" (*Richtigesrecht*).

É exemplo dessa teoria o "bom juiz Magnaud" (1889-1904), de Chateau-Thierry, na França. Ele decidia muitas vezes contra a previsão da lei, como desconsiderava como crime pequenos furtos, amparava as mulheres, os fracos, os menores. Atacava os privilégios e os erros dos poderosos. O juiz não pode, porém, julgar de acordo com sentimentalismos.

6.3.6 *Escola da livre investigação científica*

A Escola da livre investigação científica é representada por François Geny[9].

São adeptos dessa corrente Salleiles, Bufuoir e Stammler.

Deve-se observar a vontade do legislador[10], complementando-a pelo costume. Havendo omissão na legislação, pode ser empregada a livre pesquisa (*libre recherche*) científica. Ela é livre porque não está vinculada a nenhuma autoridade. É científica porque repousa em elementos objetivos[11]. O método deve ser primeiro interrogar a razão e a consciência com o intuito de descobrir, no nosso íntimo, as bases mesmas da Justiça.

Geny não concordava com Windscheid no sentido de descobrir a intenção possível do legislador, como se ele estivesse vivendo no mundo de hoje. Entende que deve o intérprete se manter fiel à sua intenção primeira. A lei só tem uma intenção, que é a que ditou o seu aparecimento. Não se deve deformar a lei, mas reproduzir a

---

[9] GENY, François. *Méthodo de interpretación y fuentes en derecho privado positivo*. 2. ed. Madrid: Reus, 1925, p. 520 e s.

[10] GENY, François. *Méthode d'interpretation et sources en droit privé positif*. Paris: Librairie Générale de Droit & Jurisprudence, 1954, t. I, p. 271.

[11] GENY, François, *Méthode d'interpretation et sources en droit privé positif*. Paris: Librairie Générale de Droit & Jurisprudence, 1954, t. II, p. 78.

intenção do legislador no momento da decisão. Não correspondendo a lei aos fatos, deve-se ter a franqueza de reconhecer que existem lacunas na obra do legislador e procurar outros meios para supri-las, como os costumes. A regra de Direito não é algo arbitrário, imposto pelo legislador, mas, ao contrário, algo que obedece a uma *ratio juris*, que é a razão natural das coisas. A natureza das coisas implica a apreciação de vários elementos: demográficos, históricos, morais, religiosos, raciais, culturais, que dão origem ao trabalho científico de quem elabora o texto ou o interpreta. Deve-se atentar para os fenômenos sociais a fim de captar as leis de sua harmonia e os princípios de ordem que os pressupõe[12]. O jurista, quando a lacuna é evidente, transforma-se em um pesquisador do Direito, para determinar a norma própria concernente ao caso concreto, de acordo com a ordem geral dos fatos.

O Direito é formado por dois elementos: o dado (*le donné*) e o construído (*le construit*). O dado não é criado pelo legislador, mas é elaborado pela própria existência humana[13]. O dado real é das realidades físicas, como da fraqueza das mulheres e das crianças e a realidade psicológica, como o sentimento de moral e o sentimento religioso do povo. O dado histórico é o conjunto das tradições nacionais. O dado racional é o dos postulados da justiça. O dado ideal é das aspirações humanas ao progresso do Direito. O construído é a armadura jurídica que concretiza o dado, na base das necessidades e possibilidades da vida social. O dado é o objeto da ciência e o construído é o objeto da técnica. O jurista constrói o seu arcabouço de regras ou normas. A lei é um corpo social vivo. É feita para o futuro.

Há necessidade de se dar vida aos Códigos, operando-se

> incessante câmbio de ações e reações, mediante o qual se realiza o processo jurídico; sem transformações radicais, sem bruscas mudanças, sem revoluções, graças somente à intervenção da jurisprudência encarregada, já, não de sujeitar-se a um texto morto, senão de realizar a função de mantê-lo sempre vivo (Prólogo ao livro *Méthode d'interpretation*).

A fórmula de Geny é: além do Código Civil, mas por meio do Código Civil.

O Código Civil suíço de 1907 adotou essa teoria no art. 1º:

> Aplica-se a lei a todas as questões de Direito para as quais ela, segundo a sua letra ou interpretação, contém um dispositivo específico. Deve o juiz, quando não encontra

---

[12] GENY, François. *Méthode d'interpretation et sources en droit privé positif*. Paris: Librairie Générale de Droit & Jurisprudence, 1954, t. II, p. 92.

[13] GENY, François. *Science et tecnique en droit privé positif*. Paris: Recueil Sirey, 1915, §§ 134, 196.

preceito legal apropriado, decidir de acordo com o Direito Consuetudinário, e, na falta deste, segundo a regra que ele próprio estabeleceria se fora legislador.

Ehrlich afirmava que deveria haver a compreensão sociológica do Direito. É facultado ao juiz estabelecer livremente uma solução própria, com fundamento sociológico, quando o texto legal não permite inferir uma solução que corresponda ao fato em apreço, de maneira adequada e justa.

Na verdade, o juiz é um aplicador da lei e não o criador da lei. Não pode transpor sua competência e ir além dela.

6.3.7 *Escola dos Pandectistas*

A Escola dos Pandectistas, na Alemanha, aplica o Pandectas, que era a coleção de textos de Direito Romano, organizado por Justiniano.

Windscheid entende que a interpretação deve ser feita de acordo com a intenção possível do legislador não na época da elaboração da lei, mas na época em que ela vai ser aplicada. Deveria ser analisada a intenção possível do legislador. Se o legislador pretendeu alcançar A, o juiz pode aplicar Z, em razão de fatos supervenientes. A lei, porém, é mais sábia que o legislador, pois prevê situações que o legislador não previu.

Gabriel Saleilles critica essa teoria pelo fato de que, uma vez editada a norma, ela desprende-se do legislador, como ocorre com a criança que sai do ventre materno. Ela passa a ter vida própria, recebendo a influência do meio em que está e das transformações que nele ocorrem.

6.3.8 *Escola da jurisprudência de interesses*

A Escola da jurisprudência de interesses parte do pressuposto de que na aplicação da norma devem ser observados os interesses que o legislador deseja satisfazer. Devem ser compreendidos tais interesses, de forma a não se aplicar a letra fria da lei sem lhe ser infiel. Descobrindo os interesses em cada caso, o juiz iria encontrar a norma que atenda ao fim social do Direito.

A jurisprudência tem a função de elaborar normas, de organizá-las ou ordená-las. A jurisprudência, contudo, não tem a função de elaborar normas, mas de interpretar a norma.

A jurisprudência dos interesses considera o Direito como tutela de interesses. As leis são provenientes de vários interesses, como morais, religiosos, éticos, sociais etc. São representantes dessa escola Philipp Heck, Max Rümelin, Stoll, Heinrich.

6.3.9 Escola da jurisprudência sociológica norte-americana

A Escola da jurisprudência sociológica norte-americana é defendida, entre outros, por Roscoe Pound, Benjamin Cardoso e Louis Brandeis.

Benjamin Cardoso menciona quatro métodos no processo mental de elaboração de uma sentença:

a) o método lógico ou dedutivo, pois o juiz deve ser lógico, racional e imparcial. A conclusão lógica da sentença deve ser o bem supremo da justiça;

b) o método histórico ou evolutivo. A sentença deve conhecer os motivos históricos que justificaram a existência das instituições;

c) o recurso ao costume e às convicções sociais vigentes;

d) o recurso à ideia de justiça e bem-estar social. Serve de diretriz ao juiz e ao intérprete para que escolham o método adequado.

Roscoe Pound compara o trabalho do jurista ao do engenheiro, pois sua obra é verificada em relação aos fins para os quais foi realizada e não à sua correspondência a um projeto.

6.3.10 Escola da jurisprudência de valores

Defende a Escola da jurisprudência de valores a compreensão finalística da lei. Devem ser observados os valores contidos na norma, verificando os fins a que se destina.

6.3.11 Escola do Direito Positivo

A Escola do Direito Positivo ou Positivismo Jurídico entende que a Ciência do Direito deve se afastar de valores morais, políticos, religiosos, filosóficos, bem como do Direito Natural.

O Direito é um conjunto de normas. Cabe ao Direito descrever as normas jurídicas. É o pensamento de Kelsen[14].

6.3.12 Escola Teológica

O Direito é proveniente do céu.

Até o século XVIII predominou o entendimento de que o Direito, a Moral e outras instituições humanas eram descobertas de sábios ou verdades reveladas pelos profetas, videntes, magos.

---

[14] KELSEN, Hans. *Teoria pura do direito*. 4. ed. Coimbra: Armênio Amado, 1976.

6.3.13 *Psicologia social*

Hoje, não se diz sobre a onipotência do legislador, mas sim em razão da elaboração espontânea da consciência jurídica nacional, que revela a psicologia coletiva, como um dos produtos espirituais da comunidade.

Vico menciona "não ser o Direito o produto de uma vontade que se imponha e opere exteriormente sobre a vida dos povos, mas a realização e a expressão do espírito da coletividade".

6.3.14 *Culturalismo jurídico*

O culturalismo jurídico assevera que a Ciência do Direito é uma ciência cultural.

O Direito é criado pelo homem, tendo conteúdo valorativo.

O Direito é estabelecido de acordo com certos valores.

A ciência jurídica surge como uma ciência cultural, "não como produto metódico de procedimentos formais, dedutivos e indutivos, mas como um conhecimento que constitui uma unidade imanente, de base concreta e real, que repousa sobre valorações"[15].

A norma não é tirada do nada. Somente Deus cria *ex nihilo*.

A norma é feita a partir da necessidade de se regular os fatos sociais que ocorrem na sociedade.

O pós-positivismo reconhece o caráter normativo dos princípios junto com as regras.

O Direito ainda usa métodos:

a) indutivos: partindo de fatos particulares para chegar a conclusões gerais;

b) dedutivos: partindo de regras gerais conhecidas para chegar a conclusões diversas ou particulares.

O indício decorre de uma circunstância conhecida, a qual mediante um processo indutivo chega-se à existência de outras situações.

Distingue-se a presunção do indício. A primeira decorre de um fato conhecido para um fato ignorado, desconhecido. O indício mostra circunstâncias que conduzem à admissibilidade de outras situações.

Na presunção, parte-se de um fato conhecido para outro desconhecido, mediante raciocínio indutivo. Nas máximas da experiência, observa-se o que costumeiramente ocorre.

---

[15] FERRAZ JR., Tercio Sampaio. *A ciência do direito*. São Paulo: Atlas, 1977, p. 38.

Presunção não é meio de prova, tanto que não consta nesse sentido do CPC. É uma espécie de raciocínio lógico.

As presunções podem ser: absoluta ou *iuris et de iure*, relativa ou *iuris tantum* e comum ou *hominis vel iudicis*. A presunção absoluta é determinada pela lei, que não admite prova em contrário, constituindo-se em ficção jurídica. Mesmo que o juiz se convença em sentido contrário, vale a determinação da lei, por se tratar de presunção absoluta, que não pode ser infirmada por prova em sentido contrário. É o caso da confissão da parte a respeito de um fato que lhe é adverso e benéfico ao interesse da parte contrária. Não poderá fazer prova por testemunha da alegação da parte, em virtude da confissão.

Indicam as presunções relativas a possibilidade de a parte provar em sentido diverso daquilo que aparentemente parece. Por exemplo: o empregado poderá provar que trabalhou em período anterior ao registro, embora na sua CTPS esteja anotada a data posterior à que realmente começou a trabalhar. O pagamento do último salário do doméstico faz presumir o pagamento dos anteriores (art. 322 do Código Civil).

São as presunções hominis ou comuns as que qualquer pessoa poderia fazer para formar seu convencimento. São as que o homem comum possui. Presume-se que o empregado trabalha oito horas por dia e tem intervalo de uma hora, que é o comum.

As presunções absolutas podem ser indicadas na lei. O inciso IV do art. 374 do CPC estabelece sobre a prescindibilidade de prova quanto aos fatos em cujo favor milita a presunção legal de existência ou veracidade, como na confissão judicial. O art. 447 da CLT mostra que "na falta de acordo ou prova sobre condição essencial ao contrato verbal, esta se presume existente, como se a tivessem estatuído os interessados, na conformidade dos preceitos jurídicos adequados à sua legitimidade".

As presunções relativas podem também ser enumeradas na própria CLT. O art. 456 dispõe que "a prova do contrato individual do trabalho será feita pelas anotações constantes da Carteira de Trabalho e Previdência Social ou por instrumento escrito e suprida por todos os meios permitidos em direito. Parágrafo único. À falta de prova ou inexistindo cláusula expressa a tal respeito, entender-se-á (presume-se) que o empregado se obrigou a todo e qualquer serviço compatível com a sua condição pessoal". A declaração de pobreza emitida pelo empregado goza de presunção legal de veracidade, porém a parte adversa poderá fazer prova em sentido contrário.

A Súmula 12 do TST indica que as anotações feitas pelo empregador na CTPS do empregado não geram presunção *iuris et de iure*, mas apenas *iuris tantum*, isto é, admitem prova em sentido contrário.

A Súmula 16 do TST declara que "presume-se recebida a notificação 48 horas depois de sua expedição. O seu não recebimento ou a entrega após o decurso desse prazo constituem ônus da prova do destinatário".

Esclarece a Súmula 43 do TST que "presume-se abusiva a transferência de que trata o § 1º do art. 469 da CLT, sem comprovação de necessidade de serviço".

Em muitos casos, não havendo norma a ser aplicada, há a presunção de que deva ser aplicada a norma mais favorável ao empregado. Presume-se também que a despedida é sempre imotivada, cabendo a prova da dispensa motivada à empresa. Da mesma forma, presume-se que o empregado é dispensado da empresa, sendo que o pedido de demissão deverá ser provado pelo empregador.

Como regra, também seria possível estabelecer que o ordinário se presume e o extraordinário deve ser provado. Assim, presume-se que o empregado trabalhe em horário normal, tendo uma hora de intervalo. O trabalho em jornada extraordinária e a ausência de intervalo deverão ser provados pelo autor.

Questionário

1. Qual é o fundamento da Escola da Exegese?
2. Em que se baseia o Psicologismo jurídico?
3. Quais são as ideias da Escola da livre investigação científica? Explique.
4. O que é o Culturalismo jurídico?
5. Em que se fundamenta a Escola do Direito positivo?

7
Integração da norma

7.1 Introdução

Integrar tem o significado de completar, inteirar. O intérprete fica autorizado a suprir as lacunas existentes na norma jurídica por meio da utilização de técnicas jurídicas. As técnicas jurídicas são a analogia e a equidade, e podem também ser utilizados os princípios gerais do Direito.

A autointegração ocorre quando a integração do ordenamento jurídico implica a aplicação de recursos internos a ele. O exemplo mais comum da autointegração é a analogia[1].

A heterointegração ocorre quando o ordenamento jurídico não tem recursos nele próprio e se utiliza de outra fonte. Heterointegração ascendente ocorre quando há necessidade de se verificar uma fonte superior. Se há lacuna no contrato, aplica-se a norma prevista em lei. Heterointegração descendente ocorre quando a lei tem uma lacuna e ela é integrada pelos usos e costumes[2]. Pode ocorrer também a heterointegração quando a lei nacional não contém norma sobre o tema e é caso de se aplicar o Direito estrangeiro[3] para solucionar a questão. O art. 8º da CLT permite que o juiz, à falta de normas legais ou contratuais, utilize o Direito Comparado.

---

[1] CARNELUTTI, Francesco. *Teoria geral do direito*. São Paulo: Lejus, 1999, p. 189.
[2] CARNELUTTI, Francesco. *Teoria geral do direito*. São Paulo: Lejus, 1999, p. 198.
[3] REALE, Miguel. *Lições preliminares de direito*. 23. ed. São Paulo: Saraiva, p. 297.

O Direito Comparado, como o próprio nome diz, compara ordenamentos jurídicos de Estados diversos. Devem ser analisados "os fatos culturais e políticos que serviram de suporte ao ordenamento jurídico"[4].

Brunetti afirma que a lacuna é dos códigos (lacuna formal) e não do Direito (lacuna material).

O Código Civil suíço de 1912 dispõe que, "nos casos não previstos, o juiz decidirá segundo o costume e, na falta deste, conforme as normas que estabeleceria se legislador fosse, inspirado na doutrina e na jurisprudência dominante". Esse preceito tem fundamento em Huber, que adotava a livre pesquisa científica de Geny.

Zitelmann afirma que há no ordenamento jurídico uma norma geral e complementar que considera lícito o que não for proibido. Kelsen (*Teoria pura do Direito*) menciona que não existem lacunas no Direito, pois é permitido o que não for proibido. No mesmo sentido Donati (*Il problema delle lacune dell'ordinamento giuridico*) e Carlos Cossio (*La plenitud del ordenamiento jurídico*).

Existem lacunas no Direito. A lei é geral e não contempla todas as hipóteses possíveis e imagináveis para cada caso. A doutrina e a jurisprudência não têm soluções para todas as situações.

Quando a lei for omissa, o juiz decidirá o caso de acordo com a analogia, os costumes e os princípios gerais de direito (art. 4º do Decreto-Lei n. 4.657/42).

Uma primeira leitura do dispositivo pode indicar que existe uma ordem a seguir. Primeiro deve ser usada a analogia, se a lei for omissa. Não sendo possível a analogia, serão usados os costumes e, não havendo estes, serão utilizados os princípios gerais de direito. Silvio Rodrigues entende que deve ser observada a ordem mencionada[5].

Entretanto, não existe exatamente essa ordem a seguir. Verifica-se a norma de integração que resolve o problema. Há casos que podem ser resolvidos pelo costume, sem passar pela analogia etc.

O art. 8º da CLT autoriza o juiz, na falta de expressa disposição legal ou convencional, a utilizar a analogia ou a equidade no âmbito do Direito do Trabalho. Inexistindo lei que determine a solução para certo caso, pode o juiz utilizar por analogia outra lei que verse sobre questão semelhante.

7.2 Analogia

A analogia não é um meio de interpretação da norma jurídica, mas de preencher as lacunas deixadas pelo legislador. É forma de raciocínio que se faz ou um

---

[4] NADER, Paulo. *Introdução ao estudo do direito*. 34. ed. Rio de Janeiro: Forense, 2012, p. 14.
[5] RODRIGUES, Silvio. *Direito civil*: parte geral. 34. ed. São Paulo: Saraiva, 2003, v. 1, p. 21.

processo lógico que se utiliza. Consiste na utilização de uma regra semelhante para o caso em exame.

Não é a analogia uma forma de interpretação, pois o seu objetivo é preencher os claros deixados pelo legislador.

A analogia tem fundamento no princípio da igualdade. Deve ser dado tratamento igual a casos iguais.

François Geny afirma que a analogia, sem se prender à vontade do legislador, procura e põe em marcha os princípios, que são como eles mesmos impostos a ela, fornecendo, portanto, ao intérprete uma direção verdadeira objetiva, repousando sobre o mesmo fundamento sólido, que está na base da lei[6].

Para aplicação da analogia é necessário:

a) que a situação de fato não seja regulada em lei. Se existe previsão legal, a lei deve ser observada. Não se usa da analogia;

b) exista uma lei que regule situação similar;

c) deve haver semelhança entre a situação prevista numa outra lei e a não prevista em lei para certo caso. Pode-se exigir que haja a mesma razão jurídica[7].

Não se confunde a analogia com a interpretação extensiva. Nesta, não existe lacuna na norma para utilizar norma semelhante, mas interpreta-se a norma existente de forma mais ampla.

Analogia *legis* ocorre quando se toma por base regra existente, que não regula exatamente aquela hipótese, mas situação semelhante.

Na analogia *iuris* é usado um conjunto de normas que disciplinam o instituto.

O art. 8º da CLT autoriza o juiz, na falta de expressa disposição legal ou convencional, a utilizar a analogia no âmbito do Direito do Trabalho. Inexistindo lei que determine a solução para certo caso, pode o juiz utilizar por analogia outra lei que verse sobre questão semelhante.

No Direito Penal, não se pode condenar alguém por analogia, pois o crime e a pena devem estar previstos na lei (art. 5º, XXXIX, da Constituição e art. 1º do Código Penal).

Na ausência de disposição expressa, a autoridade competente para aplicar a legislação tributária utilizará sucessivamente, na ordem indicada:

---

[6] GENY, François. *Méthode d´interpretation et sources en droit privé positif*. Paris: Librairie Générale de Droit & Jurisprudence, 1954, t. II, p. 125.
[7] BOBBIO, Norberto. *Teoria do ordenamento jurídico*. 10. ed. Brasília: Universidade de Brasília, 1997, p. 153-154.

I – a analogia;

II – os princípios gerais de direito tributário;

III – os princípios gerais de direito público;

IV – a equidade (art. 108 do CTN).

O emprego de analogia não poderá resultar na exigibilidade de tributo não previsto em lei (§ 1º do art. 108 do CTN). Isso se justifica porque a exigência do tributo depende de que o fato gerador esteja previsto em lei. Se o fato gerador não tem previsão em lei, o tributo não pode ser exigido, inclusive por analogia a outra situação. Não se pode exigir tributo por analogia. Deve haver lei específica para tanto.

7.3 Equidade

Em grego, "equidade" chama-se *epieikeia*, e tem o significado de completar a lei lacunosa, porém será vedado julgar contra a lei.

Para Aristóteles, equidade era a justiça do caso concreto. Haveria uma adaptação à particularidade de cada caso em concreto. O juiz suavizaria o rigor da norma jurídica abstrata, em razão das peculiaridades de cada caso em concreto. Haveria, portanto, um ajuste em cada caso em concreto para fazer justiça. Afirma Aristóteles que o equitativo é o justo. Aristóteles comparava a equidade à régua de Lesbos. Esta era uma régua especial utilizada por operários para medir certos blocos de granito. Ela era feita de material flexível, permitindo que fosse adaptada às irregularidades do objeto. A equidade seria específica e concreta, como a régua de Lesbos flexível, que não mede apenas objetos normais, mas outros que têm variações e curvaturas.

A função da equidade não é só suprir o silêncio do legislador, como também corrigir a lei, na medida em que, em razão do seu caráter genérico, ela se mostre insuficiente para fazer justiça[8]. A equidade complementa a justiça. É a justiça do caso particular. A equidade vai verificar as peculiaridades de cada caso em concreto.

No Direito Romano, a equidade (*aequitas*) era um processo de criação da norma jurídica para sua integração no ordenamento jurídico. Tem também um significado de igualdade, de benignidade, de proporção, equilíbrio.

No Direito Anglo-americano, observa-se o que se desenvolvia nos tribunais de equidade (*Court of Chancery*). No século XIII, não havia muitas normas processuais. Na prática, o interessado dirigia-se ao Chanceler (*Chancellor*), que era geralmente um clérigo, conhecedor do Direito Canônico e Romano. O Chanceler tinha senso de justiça e ministrava aos queixosos qual era o remédio se não houvesse previsão no Direito comum. Dizia-se que a equidade era a atuação do Direi-

---

[8] ARISTÓTELES. *Ética*. São Paulo: Atena, 1941, Livro V, Cap. X.

to *in personam*. O Direito decorrente da atividade do Chanceler e, posteriormente, dos tribunais de equidade é que se denominou equidade.

Equidade legal é a prevista no texto da norma jurídica. Na guarda compartilhada, o tempo de convívio com os filhos deve ser dividido de forma equilibrada com a mãe e com o pai, sempre tendo em vista as condições fáticas e os interesses dos filhos (§ 2º do art. 1.583 do Código Civil).

Equidade judicial é a que a lei permite ao órgão jurisdicional a solução do caso por equidade. Havendo motivos graves, poderá o juiz, em qualquer caso, a bem dos filhos, regular de maneira diferente da estabelecida nos artigos anteriores a situação deles com os pais (art. 1.586 do Código Civil). Cabe ao tutor, quanto à pessoa do menor, "reclamar do juiz que providencie, como houver por bem, quando o menor haja mister correção" (art. 1.740, II, do Código Civil).

Dispunha o art. 114 do CPC de 1939 que, "quando autorizado a decidir por equidade, o juiz aplicará a norma que estabeleceria se fosse legislador". O juiz, portanto, atuaria como se fosse legislador, na lacuna da lei. Na verdade, o juiz não é legislador: é juiz. Sua função não é de legislar, de criar a norma, mas de julgar, de interpretar a norma.

Previa o art. 127 do CPC de 1973 que "o juiz só decidirá por equidade nos casos previstos em lei". Ele não iria mais atuar como se fosse legislador.

Dispõe o CPC de 2015 que o juiz só decidirá por equidade nos casos previstos em lei (parágrafo único do art. 140).

Autoriza o art. 4º da Lei de Introdução às Normas do Direito Brasileiro o juiz a decidir por equidade, na falta de normas.

Permite o art. 8º da CLT ao juiz decidir por equidade no Direito do Trabalho, na falta de normas legais ou contratuais. O § 1º do art. 852-I da CLT, no procedimento sumaríssimo, autoriza o juiz a adotar em cada caso a decisão que reputar mais justa e equânime, atendendo aos fins sociais da lei e às exigências do bem comum.

A arbitragem pode ser de direito ou de equidade (art. 2º da Lei n. 9.307/96). O compromisso arbitral deve conter a autorização para que o árbitro ou os árbitros julguem por equidade, se assim for convencionado pelas partes (art. 11, II, da Lei n. 9.307/96).

Consiste a equidade, portanto, em suprir imperfeição da lei ou torná-la mais branda de modo a moldá-la à realidade. Ela supre as lacunas da lei.

Já advertiam os romanos que a estrita aplicação do Direito poderia trazer consequências danosas à justiça. Cícero afirmava *summum ius, summa injuria*.

Assim, o juiz pode até praticar injustiça num caso concreto quando segue rigorosamente o mandamento legal, razão pela qual haveria também a necessidade de temperar a lei para aplicá-la ao caso concreto e fazer justiça.

A equidade não pode ser utilizada para julgar contra expressa disposição de lei.

Para se aplicar a equidade, devem ser observadas três regras, segundo Vicente Ráo:

> a) por igual modo devem ser tratadas as coisas iguais e desigualmente as desiguais;
>
> b) todos os elementos que concorreram para constituir a relação *sub judice*, coisa ou pessoa, ou que, no tocante a estas tenham importância, ou sobre elas exerçam influência, devem ser devidamente considerados;
>
> c) entre várias soluções possíveis deve-se preferir a mais humana, por ser a que melhor atende à justiça[9].

O emprego da equidade não poderá resultar na dispensa do pagamento do tributo devido (§ 2º do art. 108 do CTN), pois, em matéria tributária, vige o princípio da legalidade tributária, que exige que o fato gerador, a base de cálculo e o contribuinte estejam definidos em lei (art. 97 do CTN).

A penalidade deve ser reduzida equitativamente pelo juiz se a obrigação principal tiver sido cumprida em parte, ou se o montante da penalidade for manifestamente excessivo, tendo em vista a natureza e a finalidade do negócio (art. 413 do Código Civil).

A resolução poderá ser evitada, oferecendo-se o réu a modificar equitativamente as condições do contrato (art. 479 do Código Civil).

Se o prejuízo sofrido pela pessoa transportada for atribuível à transgressão de normas e instruções regulamentares, o juiz reduzirá equitativamente a indenização, na medida em que a vítima houver concorrido para a ocorrência do dano (parágrafo único do art. 738 do Código Civil).

O incapaz responde pelos prejuízos que causar, se as pessoas por ele responsáveis não tiverem obrigação de fazê-lo ou não dispuserem de meios suficientes (art. 928 do Código Civil). A indenização prevista nesse artigo, que deverá ser equitativa, não terá lugar se privar do necessário o incapaz ou as pessoas que dele dependem.

Se houver excessiva desproporção entre a gravidade da culpa e o dano, poderá o juiz reduzir, equitativamente, a indenização (parágrafo único do art. 944 do Código Civil).

Se o ofendido não puder provar prejuízo material, caberá ao juiz fixar, equitativamente, o valor da indenização, na conformidade das circunstâncias do caso (parágrafo único do art. 953 do Código Civil).

---

[9] RÁO, Vicente. *O direito e a vida dos direitos*. São Paulo: Max Limonad, 1952, p. 88.

8

Eficácia da norma

8.1 Conceito

Leciona José Afonso da Silva que "a eficácia diz respeito à aplicabilidade, exigibilidade ou executoriedade na norma, como possibilidade de sua aplicação jurídica"[1].

Eficácia é a "aptidão para produzir efeitos"[2] jurídicos concretos ao regular as relações. É a capacidade da norma de produzir efeitos.

Não se confunde eficácia com validade, que é a força imponível que a norma tem, isto é, a possibilidade de ser observada.

A vigência da norma diz respeito a seu tempo de atuação. Apesar de vigente, o Direito pode não ser observado pelas pessoas.

Aplicabilidade tem o sentido de pôr a norma em contato com fatos e atos. São verificados os fatos e a norma que sobre eles incide.

A eficácia compreende a aplicabilidade da norma e se ela é obedecida ou não pelas pessoas. O Direito pode ter vigência, mas não tem eficácia na prática. Entretanto, não pode ter eficácia sem a norma estar em vigor.

Uma norma pode ter eficácia depois de revogada, como ocorre de ela ter de ser respeitada em relação a fatos que ocorreram na sua vigência.

---

[1] SILVA, José Afonso da. *Aplicabilidade das normas constitucionais*. 7. ed. São Paulo: Malheiros, 2007, p. 66.

[2] SILVA, Virgílio Afonso da. *A constitucionalização do direito*: os direitos fundamentais nas relações entre particulares. São Paulo: Malheiros, 2008, p. 55-56.

Na exequibilidade, a norma precisa de certas condições de fato para ser aplicada. A pessoa pode cumprir prisão domiciliar mediante o uso de tornozeleira eletrônica, mas é preciso que existam tornozeleiras eletrônicas para serem fornecidas ao preso.

8.2 Espécies

Eficácia global é a aceitação da norma por todos.

A eficácia parcial ocorre se é aceita parcialmente, implicando ineficácia parcial.

Eficácia jurídica é a possibilidade de a norma ser aplicada ao caso concreto, gerando efeitos jurídicos.

Eficácia social é a aplicação efetiva da norma no âmbito da sociedade.

Efetividade é a observância da lei pelos destinatários.

A eficácia da norma jurídica pode ser dividida em relação ao tempo e ao espaço.

8.3 Eficácia no tempo

A eficácia no tempo refere-se à entrada da lei em vigor.

A norma tem que ter validade formal ou vigência. Deve ser proveniente do órgão competente para editá-la. Tem que estar em vigor para ter validade.

A norma tem de ter validade social ou eficácia. Ela deve produzir os efeitos sociais desejados ou planejados.

Deve ter validade ética ou fundamento para que possa ser respeitada.

A vigência da lei será indicada de forma expressa e de modo a contemplar prazo razoável para que dela se tenha amplo conhecimento, reservada a cláusula "entra em vigor na data de sua publicação" para as leis de pequena repercussão (art. 8º da Lei Complementar n. 95/98).

Geralmente, a lei entra em vigor na data de sua publicação.

Se inexiste disposição expressa da lei, esta começa a vigorar 45 dias depois de oficialmente publicada (art. 1º do Decreto-Lei n. 4.657/42).

Nos Estados estrangeiros, a obrigatoriedade da lei brasileira, quando admitida, inicia-se três meses depois de oficialmente publicada (§ 1º do art. 1º do Decreto-Lei n. 4.657/42). É o que se chama de *vacatio legis*. Objetiva-se com isso divulgar o texto, discuti-lo e apreender seu conteúdo.

Se, antes de entrar a lei em vigor, ocorrer nova publicação de seu texto, destinada a correção, o prazo de vigência começará a correr da nova publicação (§ 3º do art. 1º da Lei de Introdução).

As correções a texto de lei já em vigor consideram-se lei nova (§ 4º do art. 1º da Lei de Introdução).

A contagem do prazo para entrada em vigor das leis que estabeleçam período de vacância far-se-á com a inclusão da data da publicação e do último dia do prazo, entrando em vigor no dia subsequente à sua consumação integral (§ 1º do art. 8º da Lei Complementar n. 95/98).

As leis que estabeleçam período de vacância deverão utilizar a cláusula "esta lei entra em vigor após decorridos (o número de) dias de sua publicação oficial" (§ 2º do art. 8º da Lei Complementar n. 95/98). O Código Civil de 1916 entrou em vigor em 1º de janeiro de 1917 (art. 1.806). O Código Civil de 2002 entrou em vigor um ano após a sua publicação oficial (art. 2.044). O CPC de 2015 entrou em vigor um ano após a sua publicação oficial (art. 1.045). O Código Tributário Nacional, Lei n. 5.172/66, entrou em vigor em 1º de janeiro de 1967 (art. 218).

A lei só entrará em vigor no dia da publicação do *Diário Oficial da União*, se é o caso, ou na data em que ela estabelece que entrará em vigor. A partir desse momento, ela tem força vinculante e os fatos que a ela se aplicam não podem ser subtraídos ao seu comando.

Não se destinando a lei a ter vigência temporária, terá vigor até que outra a modifique ou revogue (art. 2º da Lei de Introdução).

Revogação total ou integral é ab-rogação. Ab-rogação é a supressão integral de uma norma.

Derrogação é a revogação parcial de uma norma.

Revogação expressa ocorre quando a lei nova expressamente revoga total ou parcialmente a anterior. Revogação implícita ou tácita ocorre quando a nova norma dispõe de forma contrária à da lei anterior.

A lei posterior revoga a anterior quando:

a) expressamente o declare, como ocorre no final de muitas leis que rezam: revogam-se as disposições em contrário, ou quando revoga especificamente outra lei ou artigo de lei;

b) seja com ela incompatível. Exemplo seria prescrever conduta totalmente contrária à especificada na lei anterior;

c) regule inteiramente a matéria de que tratava a lei anterior. As Leis n. 8.212/91 e 8.213/91, que tratam da organização do custeio da Seguridade Social e dos benefícios da Previdência Social, regularam inteiramente a matéria, tendo revogado tacitamente a antiga norma que versava sobre o assunto: a Lei n. 3.807/60, embora inexista determinação expressa nesse sentido nas novas leis.

A lei nova, que estabeleça disposições gerais ou especiais a par das já existentes, não revoga nem modifica a lei anterior. Difícil na maioria das vezes é dizer qual é a lei geral e qual é a lei especial (§ 1º do art. 2º da Lei de Introdução).

A cláusula de revogação deverá enumerar, expressamente, as leis ou disposições legais revogadas (art. 9º da Lei Complementar n. 95/98).

Salvo disposição em contrário, a lei revogada não se restaura por ter a lei revogadora perdido a vigência. Repristinação é a restauração da norma anteriormente revogada pelo fato de que a lei revogadora perdeu vigência. No sistema jurídico brasileiro, em regra, não existe repristinação. A repristinação só existirá se a lei assim dispuser em sentido contrário, como se observa do § 3º do art. 2º da Lei de Introdução. O § 2º do art. 11 da Lei n. 9.868/99 diz respeito à restauração da lei anterior em caso de concessão de liminar em cautelar para declarar a inconstitucionalidade de norma.

O Código Civil francês de 1804 prevê que "a lei só dispõe para o futuro, não tem efeitos retroativos" (art. 2º).

A lei em vigor terá efeito imediato e geral, respeitados o ato jurídico perfeito, o direito adquirido e a coisa julgada (art. 6º da Lei de Introdução). A lei não prejudicará o direito adquirido, o ato jurídico perfeito e a coisa julgada (art. 5º, XXXVI, da Constituição).

Reputa-se ato jurídico perfeito o já consumado segundo a lei vigente ao tempo em que se efetuou (§ 2º do art. 6º da Lei de Introdução). Um contrato celebrado entre as partes, de acordo com a lei naquele momento vigente, é ato jurídico perfeito.

8.3.1 *Direito adquirido*

No período da Antiguidade oriental, especificamente no direito chinês e hindu, a regra era da retroatividade da lei, ainda que viesse a prejudicar a pessoa. Era a expressão da vontade do monarca, que não tinha limites no tempo.

Vigia no direito grego e romano a regra da irretroatividade. A exceção ocorria na existência de interesse do Estado.

O liberalismo elevou ao âmbito constitucional a matéria da irretroatividade da lei, consagrando o direito adquirido, o ato jurídico perfeito ou consumado e a coisa julgada.

Determinava o inciso III do art. 179 da Constituição de 1824 que a lei não poderia ter efeito retroativo.

Vedava o § 3º do art. 11 da Lei Magna de 1891 aos Estados e à União prescrever leis retroativas.

Dispunha o número 3 do art. 13 da Constituição de 1934 que a lei não prejudicaria o direito adquirido, o ato jurídico perfeito e a coisa julgada.

Reza o art. 6º da Lei de Introdução que a lei em vigor terá efeito imediato e geral, respeitados o ato jurídico perfeito, o direito adquirido e a coisa julgada.

A mesma redação da Lei Magna de 1934 foi repetida no § 3º do art. 141 da Constituição de 1946, no § 3º do art. 150 da Carta Magna de 1967 e no § 3º do art. 153 da Emenda Constitucional n. 1, de 1969.

Prevê o inciso XXXVI do art. 5º da Constituição de 1988 que a lei não prejudicará o direito adquirido, o ato jurídico perfeito e a coisa julgada. A atual Constituição, nem as anteriores mencionadas no parágrafo anterior, não é expressa sobre a irretroatividade da lei.

A lei tributária aplica-se a ato ou fato pretérito:

I – em qualquer caso, quando seja expressamente interpretativa, excluída a aplicação de penalidade à infração dos dispositivos interpretados;

II – tratando-se de ato não definitivamente julgado:

a) quando deixe de defini-lo como infração;

b) quando deixe de tratá-lo como contrário a qualquer exigência de ação ou omissão, desde que não tenha sido fraudulento e não tenha implicado falta de pagamento de tributo;

c) quando lhe comine penalidade menos severa que a prevista na lei vigente ao tempo da sua prática (art. 106 do CTN). É uma forma de retroatividade benéfica a encontrada no Direito Tributário.

No direito penal é admissível a retroatividade da lei para beneficiar o réu: "a lei posterior, que de outro modo favorece o agente, aplica-se ao fato não definitivamente julgado e, na parte em que comina pena menos rigorosa ainda ao fato julgado por sentença condenatória irrecorrível" (parágrafo único do art. 2º do Código Penal).

O conceito legal de direito adquirido está no § 2º do art. 6º da Lei de Introdução, que tem a seguinte redação: "consideram-se adquiridos assim os direitos que seu titular, ou alguém por ele, possa exercer, como aqueles cujo começo de exercício tenha termo pré-fixo, ou condição preestabelecida inalterada ao arbítrio de outrem".

A ideia do conceito de direito adquirido é baseada, na maioria das vezes, nos ensinamentos de Gabba, que esclarece que é adquirido todo direito que: a) é consequência de um fato idôneo a produzi-lo, em virtude da lei do tempo no qual o fato se viu realizado, embora a ocasião de fazê-lo valer não se tenha apresentado antes da atuação de uma lei nova a respeito do mesmo, e que b) nos termos da lei sob o império da qual se verificou o fato de onde se origina, entrou imediatamente a fazer parte do patrimônio de quem o adquiriu[3].

A ideia de Gabba é de que só são protegidos os direitos adquiridos de conteúdo patrimonial.

Reynaldo Porchat afirma que direitos adquiridos: "são consequências de fatos jurídicos passados, mas consequências ainda não realizadas, que ainda não se tornaram de todo efetivas. Direito adquirido é, pois, todo direito fundado sobre um fato jurídico que já sucedeu, mas que ainda não foi feito valer"[4].

Rubens Limongi França propõe um conceito mais sintético de direito adquirido: "é a consequência de uma lei, por via direta ou por intermédio de fato idôneo; consequência que, tendo passado a integrar o patrimônio material ou moral do sujeito, não se faz valer antes da vigência de lei nova sobre o mesmo objeto"[5].

Direito adquirido é o que faz parte do patrimônio jurídico da pessoa, que implementou todas as condições para esse fim, podendo exercê-lo de imediato.

O direito adquirido integra o patrimônio jurídico e não o econômico da pessoa. Esta não conta com algo concreto, como um valor a mais em sua conta bancária. O direito já é da pessoa, em razão de que cumpriu todos os requisitos para adquiri-lo, por isso faz parte do seu patrimônio jurídico, ainda que não integre o seu patrimônio econômico, como na hipótese de a aposentadoria não ter sido requerida, apesar de a pessoa já ter implementado todas as condições para esse fim.

É preciso fazer a distinção entre direito adquirido, faculdade e expectativa de direito.

A faculdade é anterior ao direito adquirido. É um meio de aquisição do direito.

Expectativa de direito ocorre quando o beneficiário ainda não reuniu todas as condições para adquirir o direito, que não faz parte do seu patrimônio jurídico, nem pode ser exercitado de imediato. Na expectativa de direito há a esperança, a probabilidade de adquirir o direito no curso do tempo. É um direito em formação.

---

[3] GABBA, Carlo Francesco. *Teoria della retroattività delle leggi*. 3. ed. Torino: Unione Tipografico-Editrice, v. 1, p. 191.

[4] PORCHAT, Reynaldo. *Retroatividade das leis civis*. São Paulo: Duprat, 1909, p. 15.

[5] FRANÇA, Rubens Limongi. *A irretroatividade das leis e o direito adquirido*. 5. ed. São Paulo: Saraiva, 1998, p. 216.

O direito adquirido importa um fato consumado na vigência da lei anterior. Ensina Agostinho Alvim que:

> quando o efeito com que se conta, ou se espera, não entrou ainda para o patrimônio do titular, diz-se que há expectativa. Nesse caso, a lei nova poderá impedir os efeitos que se aguardam. Assim, por exemplo, alguém espera aposentar-se com trinta anos de serviço, e conta já com vinte e nove. Sobrevém uma lei segundo a qual são necessários trinta e cinco anos para a aposentadoria. Esta lei atingirá aqueles funcionários que contavam vinte e nove anos de serviço, porque eles ainda não haviam adquirido o direito de aposentar-se. Tinham uma expectativa[6].

Paul Roubier (*Le droit transitoire*) faz distinção entre os atos jurídicos realizados durante a vigência da lei revogada, que continuam a produzir efeitos na vigência da lei revogada. Os efeitos realizados na vigência da lei anterior não devem ser afetados pela lei nova (irretroatividade). Já os efeitos a serem produzidos na vigência da nova lei deverão ser regulados pela nova lei (efeito imediato da lei).

O direito adquirido, de certo modo, representa a não aplicação retroativa da lei. Não se confunde, porém, com o efeito imediato da norma legal, que é previsto no art. 6º da Lei de Introdução, apanhando as situações que estão em curso.

A irretroatividade quer dizer a não aplicação da lei nova sobre uma situação já definitivamente constituída no passado. O que se pretende proteger no direito adquirido não é o passado, mas o futuro, de continuar a ser respeitada aquela situação já incorporada ao patrimônio jurídico da pessoa. No direito adquirido, a nova norma deve respeitar a situação anterior, já definitivamente constituída, afastando para esse caso a aplicação da lei nova.

O ato jurídico perfeito está compreendido no direito adquirido. Não se pode admitir um direito adquirido que não seja decorrente de ato jurídico perfeito. Ato jurídico perfeito é o que se formou sob o império da lei velha. A questão tem de ser analisada se o ato já foi consumado sob a vigência da lei anterior. Dessa situação é que decorre o direito adquirido. Este implica fazer valer um direito que não está sendo respeitado pela lei nova.

Reynaldo Porchat agrupa cinco características do direito adquirido:

> 1º um fato aquisitivo, idôneo a produzir direito, de conformidade com a lei vigente; 2º uma lei vigente no momento em que o fato se realiza; 3º capacidade

---

[6] ALVIM, Agostinho. *Comentários ao Código Civil*. São Paulo: Universitária, 1968, v. 1, p. 40.

legal do agente; 4º ter o direito entrado a fazer parte do patrimônio jurídico do indivíduo, ou ter constituído o adquirente na posse de um estado civil definitivo; 5º não ter sido exigido ainda ou consumado esse direito, isto é, não ter sido ainda realizado em todos os seus efeitos[7].

Em razão da disposição do § 2º do art. 6º da Lei de Introdução, é possível fazer a seguinte divisão didática a respeito do direito adquirido:

1) os direitos que seu titular, ou alguém por ele possa exercer;

2) aqueles cujo começo de exercício tenha termo prefixo;

3) outros que tenham condição preestabelecida para o exercício, inalterável ao arbítrio de outrem.

A primeira hipótese dispensa comentários, por ser bastante clara.

A segunda hipótese só pode ser exercitada dali a certo termo. O termo prefixo depende do estabelecimento de determinação que só pode ser exercitada depois do transcurso de certo tempo. Reza o art. 118 do Código Civil que, "subordinando-se a eficácia do ato à condição suspensiva, enquanto esta se não verificar, não se terá adquirido o direito a que o ato visa". É, por exemplo, o caso do salário, que só é considerado adquirido após a prestação do serviço, isto é, após o 30º dia da prestação do serviço. Antes disso a pessoa não adquiriu o direito ao salário ou a qualquer reajuste salarial.

Na terceira hipótese, a condição preestabelecida não pode ser alterada pela vontade de outra pessoa, devendo ser respeitada. Condição é a cláusula que subordina o efeito do ato jurídico a evento futuro e incerto (art. 114 do Código Civil). Não se considera, porém, condição a cláusula que não deriva exclusivamente da vontade das partes, mas decorre necessariamente da natureza do direito a que acede (art. 117 do Código Civil).

Windscheid, Dernburg e Ferrara professavam a teoria dos fatos cumpridos. Haveria retroatividade quando a lei nova suprimisse ou alterasse os efeitos já produzidos relativos a um fato anterior e na hipótese de alterar para o futuro um dos direitos em razão de fatos pretéritos.

Na teoria formal de Paul Roubier e Planiol, a lei retroage se aplicada aos fatos consumados sob a égide de lei anterior (*facta pendentia*). Aplica-se às situações jurídicas que estão em curso, aos fatos pendentes (*facta pendentia*).

Caso a lei nova seja observada em relação às consequências ainda não realizadas de um ato ocorrido sob o império da precedente, há aplicação imediata da norma e não retroatividade. Utiliza-se a referida teoria nos contratos de prestação

---

[7] PORCHAT, Reynaldo. *Da retroatividade das leis civis*. São Paulo: Duprat, 1909.

sucessiva e nos contratos de locação. A lei nova aplica-se ao contrato constituído sob lei pretérita, em relação aos efeitos não realizados.

Afirma Paul Roubier que:

> a base fundamental da ciência dos conflitos de leis no tempo é a distinção entre efeito retroativo e efeito imediato de uma lei. Parece um dado muito simples: o efeito retroativo é a aplicação no passado; o efeito imediato é a aplicação no presente... Se a lei pretender ser aplicada sobre fatos consumados, ela é retroativa; se ela pretende ser aplicada sobre situações em curso, será preciso distinguir entre as partes anteriores à data da modificação da legislação e que não poderão ser atingidas sem retroatividade, e as partes posteriores, sobre as quais a lei nova, se aplicável, não terá senão um efeito imediato; enfim, diante de fatos futuros, é claro que a lei não pode jamais ser retroativa[8].

A teoria do efeito imediato informa que a lei entra em vigor na data de sua publicação, apanhando as situações que estavam em curso, não tendo efeito retroativo. Na retroatividade, a lei retroage para apanhar situações já consumadas, sendo vedada em nosso direito. O art. 6º da Lei de Introdução é expresso no sentido de que a lei em vigor terá efeito imediato e geral.

Uma maneira de se assegurar o Estado Democrático de Direito é respeitando o direito adquirido, o ato jurídico perfeito e a coisa julgada.

Representa o direito adquirido forma de outorgar segurança jurídica às pessoas dentro do Estado Democrático de Direito.

O respeito ao direito adquirido, ao ato jurídico perfeito e à coisa julgada é cláusula pétrea de nossa Constituição, que não pode ser modificada por emenda constitucional, como se verifica do inciso IV do § 4º do art. 60 da Lei Maior.

O direito adquirido tem significativa importância para a Previdência Social, principalmente no que diz respeito às aposentadorias. Se houvesse uma mudança no prazo para a concessão de certo benefício e a pessoa já tivesse implementado todas as condições para requerê-lo, poder-se-ia dizer que a pessoa já havia adquirido o direito à concessão do benefício, de acordo com o prazo anteriormente estabelecido. O segurado adquire direito à aposentadoria no momento em que reúne todos os requisitos necessários para obtê-la. A aposentadoria será regulada pela lei vigente naquele momento. As modificações posteriores não se lhe aplicam, pois, caso houvesse retroatividade, atingiria o direito adquirido[9].

---

[8] ROUBIER, Paul. *Le droit transitoire*. Paris: Dalloz e Sirey, 1960, p. 178.
[9] MARTINS, Sergio Pinto. *Direito da seguridade social*. 43. ed. São Paulo: Saraiva, 2025, p. 57.

O STF tem entendimento sumulado de que "ressalvada a revisão prevista em lei, os proventos da inatividade regulam-se pela lei vigente ao tempo em que o militar, ou o servidor civil, reuniu os requisitos necessários" (Súmula 359).

Passou a entender o STF que não há necessidade de a pessoa requerer a aposentadoria se já havia adquirido o direito a se aposentar (Pleno, RE 73.189/SP, rel. Min. Luiz Gallotti, *RTJ* 65/435).

O que deve ficar claro é que a aquisição do direito não se confunde com o seu exercício. O direito à aposentadoria nasce desde que o segurado reúna as condições necessárias para tanto, de acordo com a prescrição legal. Nesse momento é que se pode dizer que houve a incorporação do direito de se aposentar ao seu patrimônio jurídico. O exercício desse direito é que é feito por meio do pedido de aposentadoria, não sendo elemento integrante do referido direito. Não importa, por conseguinte, a data em que a pessoa requereu a aposentadoria, mas sim se já adquiriu os requisitos para requerê-la.

Indica o art. 17 do ADCT que contra a Constituição não há direito adquirido, quando reza que os vencimentos, a remuneração, as vantagens e os adicionais, bem como os proventos de aposentadoria que estiverem sendo percebidos em desacordo com a Lei Maior, serão imediatamente reduzidos aos limites dela decorrentes, não se admitindo, nesse caso, invocação de direito adquirido ou percepção de excesso a qualquer título.

O STF já entendeu que não há direito adquirido a regime jurídico:

> Transposição do regime celetista para o estatutário. Inexistência de direito adquirido a regime jurídico. Possibilidade de diminuição ou supressão de vantagens sem redução do valor da remuneração (STF, 1ª Turma, RE 599.618 ED, Rel. Min. Carmen Lúcia, *DJe* 14-3-2011).

Mostra o art. 122 da Lei n. 8.213/91 regra de direito adquirido, ao mencionar que, se for mais vantajoso, fica assegurado o direito à aposentadoria, nas condições legalmente previstas na data do cumprimento de todos os requisitos necessários à obtenção do benefício, ao segurado que, tendo completado 35 anos de serviço, se homem, ou 30 anos, se mulher, optou por permanecer em atividade.

Na reforma previdenciária, implementada pela Emenda Constitucional n. 20/98, o art. 3º do referido dispositivo é claro no sentido de garantir expressamente o direito adquirido das pessoas:

> é assegurada a concessão de aposentadoria e pensão, a qualquer tempo, aos servidores públicos e aos segurados do regime geral de previdência social, bem como

aos seus dependentes, que, até 16-12-1998, tenham cumprido os requisitos para obtenção destes benefícios, com base nos critérios da legislação então vigente.

Esse direito pode, portanto, ser exercitado a qualquer momento. Assim, trabalhador que tinha 30 anos de tempo de serviço antes da publicação da Emenda Constitucional n. 20/98 ou trabalhadora que tinha 25 anos de tempo de contribuição podem requerer a aposentadoria proporcional a qualquer tempo. O mesmo ocorre com homem que tinha 35 anos de tempo de serviço e mulher que possuía 30 anos de tempo de serviço, que poderão requerer a qualquer momento aposentadoria por tempo de contribuição integral.

Na prática, o direito de opção, contido nos arts. 8º e 9º da Emenda Constitucional n. 20/98 de observar-se a nova norma, provavelmente não vai ser utilizado pelas pessoas, pois a lei anterior era muito mais vantajosa, principalmente pelo fato de que a lei velha não exigia idade mínima.

Mostra o § 2º do art. 3º da Emenda Constitucional n. 20/98 outra regra de direito adquirido:

> os proventos da aposentadoria a ser concedida aos servidores públicos, em termos integrais ou proporcionais ao tempo de serviço já exercido até a data de 16-12-1998, bem como as pensões de seus dependentes, serão calculados de acordo com a legislação em vigor à época em que foram atendidas as prescrições nela estabelecidas para a concessão destes benefícios ou nas condições da legislação vigente.

Nenhum servidor poderá perceber remuneração ou provento superior ao teto, que corresponde aos subsídios dos ministros do STF. É o que quer dizer o § 11 do art. 40 da Constituição, que foi acrescentado pela Emenda Constitucional n. 20/98, ao mandar aplicar o inciso XI do art. 37 da Lei Maior no que diz respeito aos proventos do servidor público.

Discute-se se há direito adquirido contra a referida determinação. Parece que a tendência seria de o STF reconhecer a existência de direito adquirido sobre o tema.

A lei nova não pode retroagir para prejudicar direitos já adquiridos pela pessoa, sob o império da lei anterior, tendo implementado todos os requisitos para a concessão da vantagem.

Vale a lei nova para frente, não podendo retroagir para inclusive prejudicar as pessoas.

Se houvesse a determinação por meio de nova Constituição, seria possível alegar que as disposições anteriores não poderiam ser utilizadas contra essa norma. É a tese de que contra a Constituição não há direito adquirido. Poderia ser utilizado o art. 17 do ADCT como argumento.

Entretanto, tratando-se de emenda constitucional, esta não pode querer abolir direitos e garantias individuais, como se verifica no inciso IV do § 4º art. 60 da Constituição. Está inserido o inciso XXXVI do art. 5º da Constituição nos direitos e garantias individuais. Logo, aposentadorias pagas em valores superiores ao teto estabelecido pela Emenda Constitucional não poderão ser por esta modificadas, pois deve ser assegurado o direito adquirido dessas pessoas, mesmo que o valor do benefício possa parecer absurdo ou irreal. A lei nova não poderia retroagir para prejudicar direitos já adquiridos pelos aposentados e que já fazem parte do seu patrimônio jurídico.

Celso Bastos leciona que

> não basta por exemplo uma emenda que se limite a suprimir o dispositivo constitucional sobre o qual se calcava o portador do direito adquirido. É da própria essência deste continuar a produzir efeitos, mesmo depois da revogação da norma sob a qual foi praticado[10].

8.3.2 *Coisa julgada*

Modestino destaca: "chama-se coisa julgada a que põe fim às controvérsias por meio de pronunciação do juiz; o que sucede ocorrendo condenação ou absolvição"[11].

Chama-se coisa julgada ou caso julgado a decisão judicial de que já não caiba recurso (§ 3º do art. 6º da Lei de Introdução).

Há coisa julgada "quando se repete ação que já foi decidida por decisão transitada em julgado" (§ 4º do art. 337 do CPC), ou seja, da qual não caiba mais recurso.

Denomina-se coisa julgada material a autoridade que torna imutável e indiscutível a decisão de mérito, não mais sujeita a recurso (art. 502 do CPC).

Carlos Maximiliano afirma que coisa julgada é apenas a decisão que haja sido proferida em matéria contenciosa e não comporte recurso de espécie alguma[12]. Modestino, no Digesto, chamava coisa julgada a que põe fim às controvérsias por meio de pronunciamento do juiz: o que sucede, ocorrendo condenação ou absolvição (livro 42, título 1º).

---

[10] BASTOS, Celso. *Comentários à Constituição do Brasil*. São Paulo: Saraiva, 1989, v. 2, p. 191.

[11] Digesto, livro 42, título 1º, *De res judicata*.

[12] MAXIMILIANO, Carlos. *Comentários à Constituição brasileira de 1946*. 5. ed. Rio de Janeiro: Freitas Bastos, 1954, v. 3, p. 60.

Faz referência o art. 506 do CPC ao fato de que a sentença faz coisa julgada às partes entre as quais é dada, não prejudicando terceiros. Não ocorre, portanto, fora do processo, mas apenas nessa decisão do juiz.

A regra é a irretroatividade da lei, por questão de manutenção e garantia da segurança jurídica.

A lei penal não retroagirá, salvo para beneficiar o réu (art. 5º, XL, da Constituição).

A lei tributária aplica-se a ato ou fato pretérito:

I – em qualquer caso, quando seja expressamente interpretativa, excluída a aplicação de penalidade à infração dos dispositivos interpretados;

II – tratando-se de ato não definitivamente julgado:

a) quando deixe de defini-lo como infração;

b) quando deixe de tratá-lo como contrário a qualquer exigência de ação ou omissão, desde que não tenha sido fraudulento e não tenha implicado falta de pagamento de tributo;

c) quando lhe comine penalidade menos severa que a prevista na lei vigente ao tempo da sua prática (art. 106 do CTN).

Ninguém se escusa de cumprir a lei, alegando que não a conhece (art. 3º da Lei de Introdução).

Eventual inexatidão formal de norma elaborada mediante processo legislativo regular não constitui escusa válida para o seu descumprimento (art. 18 da Lei Complementar n. 95/98).

O erro é substancial quando, sendo de direito e não implicando recusa à aplicação da lei, for o motivo único ou principal do negócio jurídico (art. 139, III, do Código Civil).

O desconhecimento da lei é inescusável. O erro sobre a ilicitude do fato, se inevitável, isenta de pena; se evitável, poderá diminuí-la de um sexto a um terço (art. 21 do Código Penal).

No caso de ignorância ou de errada compreensão da lei, quando escusáveis, a pena pode deixar de ser aplicada (art. 8º do Decreto-Lei n. 3.688/41). É o que se chama de erro de direito.

A validade da norma jurídica compreende três aspectos:

a) validade formal ou técnico-jurídica, que é a vigência da norma. É o fato de que ela pode ser aplicada compulsoriamente. Mostra a obrigatoriedade formal da norma jurídica. Ela preencheu os requisitos previstos na Constituição para a sua elaboração;

b) validade social, eficácia ou efetividade. Ela tem validade fática e é aceita pela sociedade;

c) validade ética, que é o seu fundamento.

Para a validade da norma jurídica é preciso que ela seja editada pelo poder competente, este tenha competência material para editá-la e haja legitimidade do procedimento[13].

A norma tem de ser proveniente do órgão competente do Poder Legislativo para editá-la. Existe, portanto, uma legitimidade subjetiva a considerar, pois o órgão competente do Poder Legislativo deve ser da União, dos Estados, do Distrito Federal ou dos Municípios. A lei federal tem que ser votada no Congresso Nacional e sancionada pelo Presidente da República. A lei estadual tem que ser votada na Assembleia Legislativa estadual e sancionada pelo Governador do Estado. A lei municipal tem que ser votada na Câmara Municipal e sancionada pelo Prefeito.

O órgão deve ter competência para legislar sobre a referida matéria. É sabido, por exemplo, que cada um dos referidos entes tem competência para legislar sobre impostos, taxas e contribuições de melhoria de sua competência, ou seja, sobre esse aspecto de Direito Tributário (art. 24, I, da Constituição).

O órgão deve ter competência material para poder editá-la. A União tem competência legislativa privativa para legislar, por exemplo, sobre Direito Civil, do Trabalho, Penal (art. 22, I, da Constituição). A competência concorrente da União, dos Estados e do Distrito Federal ocorre sobre Direito Financeiro, orçamento etc. (art. 24, I e II, da Constituição).

No âmbito da legislação concorrente, a competência da União limita-se a estabelecer regras gerais. A competência da União para legislar sobre normas gerais não exclui a competência suplementar dos Estados. Inexistindo lei federal sobre normas gerais, os Estados exercerão a competência legislativa plena, para atender a suas peculiaridades. A superveniência de lei federal sobre normas gerais suspende a eficácia da lei estadual, no que lhe for contrária (parágrafos do art. 24 da Constituição). Os Municípios têm competência para legislar sobre assuntos de interesse local (art. 30, I, da Constituição), como horário de funcionamento de certos estabelecimentos naquela cidade.

Deve haver legitimidade do procedimento para editar a lei. No caso de emenda à Constituição é preciso dois turnos de votações em cada casa do Congresso Nacional, sendo aprovada por três quintos dos votos dos respectivos membros em

---

[13] REALE, Miguel. *Lições preliminares de direito*. 27. ed., 11. tir. São Paulo: Saraiva, 2012, p. 110.

cada votação (§ 2º do art. 60 da Constituição). As leis complementares serão aprovadas por maioria absoluta (art. 69 da Constituição).

A Constituição deve ser interpretada de acordo com o princípio da unidade da Constituição e da máxima efetividade das normas constitucionais. Não se interpreta a lei Maior de forma isolada, mas de acordo com a sua unidade. A máxima efetividade das normas constitucionais pressupõe que a Lei Magna tem normas, em princípio, de eficácia imediata. Deve-se atribuir à Constituição o sentido que lhe confira maior eficácia. As normas constitucionais devem ser interpretadas de forma progressiva ou evolutiva[14].

8.4 Eficácia no espaço

A eficácia da lei no espaço diz respeito ao território em que vai ser aplicada a norma. A lei aplica-se ao Brasil, tanto para os nacionais como para os estrangeiros que aqui residam.

Em certos casos, a lei pode ter eficácia no exterior, quando a própria norma assim disponha.

É o que ocorre com o art. 3º da Lei n. 7.064/82, que prevê que o empregado brasileiro contratado para trabalhar no exterior tem direito às verbas trabalhistas (inciso II) e à previdência social previstas na legislação brasileira (parágrafo único).

Questionário

1. O que é interpretação?
2. Quais são as espécies de interpretação da norma jurídica?
3. O que é integração e quais são suas espécies?
4. O que é eficácia?
5. Como se verifica a eficácia no tempo da norma?
6. Como se verifica a eficácia no espaço da norma?
7. O que é repristinação?
8. O que é ab-rogação?
9. O que é derrogação?

---

[14] MARTINS, Sergio Pinto. *Instituições de direito público e privado*. 21. ed. São Paulo: Saraiva, 2025, p. 71.

9
Princípios do Direito

9.1 Conceito genérico de princípio

Inicialmente, poder-se-ia dizer que princípio é onde começa algo. É o início, a origem, o começo, a causa. É o momento em que algo tem origem. Princípio de uma estrada é seu ponto de partida, onde ela começa.

"Princípio" vem do latim *principium, principii*, com o significado de origem, começo, base. Num contexto vulgar, quer dizer o começo da vida ou o primeiro instante. Na linguagem leiga, é o começo, o ponto de partida, a origem, a base. São normas elementares, requisitos primordiais, proposições básicas.

Aurélio Buarque de Holanda afirma que princípio é: "1) momento ou local ou trecho em que algo tem origem; 2) Causa primária ... 4) Preceito, regra, lei"[1].

"Princípios", no plural, para o mesmo autor são "proposições diretoras de uma ciência, às quais todo o desenvolvimento posterior dessa ciência deve estar subordinado"[2].

Aires da Mata Machado Filho esclarece que princípio é o "momento em que uma coisa tem origem; origem, início, começo, causa; causa primária; germe. Proposição de que decorrem outras proposições (consequências); axioma formal que regula a atividade do pensamento lógico"[3].

---

[1] FERREIRA, Aurélio Buarque de Holanda. *Novo dicionário Aurélio da língua portuguesa*. 2. ed. Rio de Janeiro: Nova Fronteira, 1996, p. 1.393.

[2] FERREIRA, Aurélio Buarque de Holanda. *Novo dicionário Aurélio da língua portuguesa*. 2. ed. Rio de Janeiro: Nova Fronteira, 1996, p. 1.393.

[3] MACHADO FILHO, Aires da Mata. *Novíssimo dicionário ilustrado Urupês*. 22. ed. AGE, s.d.p., p. 871.

Princípio é, portanto, começo, alicerce, ponto de partida, "vigas mestras", requisito primordial, base, origem, ferramenta operacional.

Evidentemente, não é esse o conceito geral de princípio que precisamos conhecer, mas seu significado perante o Direito.

Platão usava a palavra "princípio" no sentido de fundamento do raciocínio. Para Aristóteles era a permissão maior de uma demonstração. Kant seguia aproximadamente essa última orientação, dizendo que "princípio é toda proposição geral que pode servir como premissa maior num silogismo"[4].

Há quem conteste a validade científica do conceito de princípio como instrumento de análise da realidade, como Nicola Abbagnano, que afirma que,

> na filosofia moderna e contemporânea, a noção de princípio tende a perder sua importância. Ela inclui, com efeito, a noção de um ponto de partida privilegiado: e não relativamente privilegiado, isto é, com relação a certos escopos, mas absolutamente em si. Um ponto de partida deste gênero dificilmente poderia ser admitido no domínio das ciências[5].

Seria possível indicar princípios morais, religiosos e políticos, com base num contexto moral, religioso ou político em determinado período de tempo. É uma forma de entender o mundo contemporâneo ou como a sociedade vê esse mundo nos dias de hoje, resultantes da prática cotidiana observada nesse meio. Servem de parâmetros de como agir nesse contexto.

Nas ciências físicas, biológicas e químicas toma-se por base um fenômeno concreto e a partir dele começam a ser feitos os estudos para explicá-lo. Em certos casos, não é possível estabelecer uma posição preestabelecida para aquele caso em concreto, pois nem sempre isso se observa, mas o contrário.

Caso houvesse a observância rígida do princípio, como verdade preestabelecida sobre o objeto investigado, não seria possível fazer uma investigação completa daquela realidade. Assim, são desenvolvidas "leis" ou tendências que podem ser observadas em certos casos.

Para a Filosofia, princípio é a

> proposição que se põe no início de uma dedução, e que não é deduzida de nenhuma outra dentro do sistema considerado, sendo admitida, provisoriamente, como inquestionável. Uma das relações fundamentais apreendidas pelo

---

[4] KANT, Immanuel. *Crítica da razão pura*, Dialética, II.A. Apud CARRAZZA, Roque Antonio. *Curso de direito constitucional tributário*. 12. ed. São Paulo: Malheiros, 1998, p. 30.

[5] ABBAGNANO, Nicola. *Dicionário de filosofia*. São Paulo: Mestre Jou, 1982, p. 760.

pensamento, que consiste na atribuição de uma finalidade a tudo o que é, o que resulta a busca da compreensão do que é pelo que está para vir[6].

Na Matemática, os princípios são os postulados, os teoremas. Também se fala em axiomas.

Os princípios poderiam ser considerados como fora do ordenamento jurídico, pertencendo à ética. Seriam regras morais, regras de conduta que informariam e orientariam o comportamento das pessoas. Entretanto, os princípios do Direito têm características jurídicas, pois inserem-se no ordenamento jurídico, inspiram e orientam o legislador e o aplicador do Direito. Os princípios podem originar-se da ética ou da política, mas acabam integrando-se e tendo aplicação no Direito.

Outra corrente entende que os princípios estão no âmbito do Direito Natural, do jusnaturalismo. Seriam ideias fundantes do Direito, que estariam acima do ordenamento jurídico positivo. Seriam regras oriundas do Direito Natural. Os princípios estariam acima do direito positivo, sendo metajurídicos. Prevaleceriam sobre as leis que os contrariassem. Expressam valores que não podem ser contrariados pelas leis.

Será analisado agora o conceito de princípio para a ciência do Direito.

9.2 Conceito de princípio para o Direito

9.2.1 *Conceito de princípio*

Antes de examinarmos os princípios propriamente ditos do Direito do Trabalho, cabe verificar os conceitos de princípio.

Segundo Amauri Mascaro Nascimento, princípio "é um ponto de partida. Um fundamento. O princípio de uma estrada é o seu ponto de partida, ensinam os juristas"[7].

Princípio é, portanto, onde algo começa.

José Cretella Jr. afirma que "princípios de uma ciência são as proposições básicas, fundamentais, típicas que condicionam todas as estruturações subsequentes. Princípios, neste sentido, são os alicerces da ciência"[8].

---

[6] FERREIRA, Aurélio Buarque de Holanda. *Novo dicionário Aurélio da língua portuguesa*. 2. ed. Rio de Janeiro: Nova Fronteira, 1996, p. 1.393.

[7] NASCIMENTO, Amauri Mascaro. *Curso de direito processual do trabalho*. 17. ed. São Paulo: Saraiva, 1997, p. 96.

[8] CRETELLA JR., José. Os cânones do direito administrativo. *Revista de Informação Legislativa*, Brasília, ano 25, n. 97, p. 7.

Na lição de Miguel Reale:

> princípios são "verdades fundantes" de um sistema de conhecimento, como tais admitidas, por serem evidentes ou por terem sido comprovadas, mas também por motivos de ordem prática de caráter operacional, isto é, como pressupostos exigidos pelas necessidades da pesquisa e da *praxis*[9].

Carlos Maximiliano assevera que os princípios constituem "as diretivas ideias do hermeneuta, os pressupostos científicos da ordem jurídica"[10].

Celso Antônio Bandeira de Mello esclarece que princípio

> é, por definição, mandamento nuclear de um sistema, verdadeiro alicerce dele, disposição fundamental que se irradia sobre diferentes normas, compondo-lhes o espírito e servindo de critério para sua exata compreensão e inteligência, exatamente por definir a lógica e a racionalidade do sistema normativo, no que lhe confere a tônica e lhe dá sentido harmônico[11].

Paulo de Barros Carvalho afirma que princípios são "linhas diretivas que informam e iluminam a compreensão de segmentos normativos, imprimindo-lhes um caráter de unidade relativa e servindo de fator de agregação num dado feixe de normas"[12].

Eduardo J. Couture assevera que princípio é o "enunciado lógico extraído da ordenação sistemática e coerente de diversas normas de procedimento, de modo a outorgar à solução constante destas o caráter de uma regra de validade geral"[13].

De Plácido e Silva afirma que princípios, no plural, querem significar

> as normas elementares ou os requisitos primordiais instituídos como base, como alicerce de alguma coisa. E, assim, princípios revelam o conjunto de regras ou preceitos, que se fixaram para servir de norma a toda espécie de ação jurídica, traçando, assim, a conduta a ser tida em qualquer operação jurídica[14].

---

[9] REALE, Miguel. *Lições preliminares de direito*. 27. ed., 11. tir. São Paulo: Saraiva, 2012, p. 303.

[10] MAXIMILIANO, Carlos. *Hermenêutica e aplicação do direito*. 8. ed. Rio de Janeiro: Freitas Bastos, 1965, p. 307.

[11] MELLO, Celso Antônio Bandeira de. *Curso de direito administrativo*. 7. ed. São Paulo: Malheiros, 1995, p. 537-538.

[12] CARVALHO, Paulo de Barros. *Curso de direito tributário*. 4. ed. São Paulo: Saraiva, 1991, p. 90.

[13] COUTURE, Eduardo J. *Vocabulário jurídico*. Montevideo, 1960, p. 489.

[14] DE PLÁCIDO E SILVA. *Vocabulário jurídico*. Rio de Janeiro: Forense, 1990, v. III e IV, p. 447.

Luís Alberto Warat mostra os requisitos de uma boa definição:

a) não deve ser circular;

b) não deve ser elaborada em linguagem ambígua, obscura ou figurada;

c) não deve ser demasiado ampla nem restrita;

d) não deve ser negativa quando possa ser positiva[15].

Afirma o mesmo autor que "as definições são das palavras que fazem referência aos objetos. Por intermédio das definições, o que se nos esclarece é o critério em função do qual a palavra pode ser aplicada a uma determinada classe de objetos"[16].

Os princípios são as proposições básicas que informam as ciências. Para o Direito, o princípio é seu fundamento, a base que irá informar e orientar as normas jurídicas.

Os princípios servem para compreensão do fenômeno jurídico ou informa a compreensão do fenômeno jurídico. Proporcionam direção, execução e aplicabilidade do Direito. Auxiliam a interpretação jurídica.

9.2.2 Distinções
9.2.2.1 Diferença entre princípio e norma

A norma é prescrição objetiva e obrigatória por meio da qual se organizam, direcionam-se ou impõem-se condutas. Também não deixa a norma de ser prescrição de vontade impositiva para estabelecer disciplina a respeito de uma conduta dirigida ao ser humano. O conceito de norma não é, contudo, pacífico. A norma tem um sentido de orientação, de regular conduta, tendo caráter imperativo (de superioridade, que mostra quem ordena e quem recebe a ordem, que pode envolver obrigação ou proibição).

Jhering entende que a norma jurídica é imperativo abstrato dirigido ao agir humano. A norma não deixa de ser uma proposição – proposição que diz como deve ser o comportamento. De uma maneira geral, toda norma define comportamento.

Norma imperativa é a que impõe vontade. Não se trata de mero aconselhamento.

As normas são classificadas, segundo Miguel Reale, em: de conduta ou de organização[17]. As de conduta pretendem disciplinar o comportamento das pessoas. As de organização têm caráter instrumental, visando à estrutura e ao funcionamento de órgãos ou à disciplina de processos técnicos de identificação e aplica-

---

[15] WARAT, Luís Alberto. *A definição jurídica*. Porto Alegre: Atrium, 1977, p. 6.
[16] WARAT, Luís Alberto. *A definição jurídica*. Porto Alegre: Atrium, 1977, p. 8.
[17] REALE, Miguel. *Lições preliminares de direito*. 27. ed., 11. tir. São Paulo: Saraiva, 2012, p. 97.

ção de normas, a fim de assegurar uma convivência juridicamente ordenada[18]. As normas, geralmente, têm sanção por seu descumprimento, porém há normas interpretativas, por exemplo, que não têm sanção.

Num determinado sistema jurídico não encontramos apenas normas, mas também princípios, que podem estar ou não positivados, isto é, previstos na legislação.

Os princípios e as normas são razões de juízo concreto do dever-ser.

Princípios são *standards*[19] jurídicos. São gerais. As normas são atinentes, geralmente, a uma matéria.

Robert Alexy afirma que os princípios "são mandamentos de otimização"[20].

São normas que podem ser satisfeitas em distintos graus, conforme as possibilidades fáticas e jurídicas.

Têm os princípios grau de abstração muito maior do que o da norma. São as normas gerais, visando ser aplicadas para um número indeterminado de atos e fatos, que são específicos. Não são editadas para uma situação específica. Os princípios servem para uma série indefinida de aplicações.

Trazem os princípios estimações objetivas, éticas, sociais, podendo ser positivados. Exemplo no Direito do Trabalho seria o princípio da irredutibilidade salarial, que não era expresso em nosso ordenamento jurídico e hoje está explicitado no inciso VI do art. 7º da Constituição da República. Os princípios em forma de norma jurídica são, entretanto, regras, pois estão positivados, mas não deixam também de ser princípios, como ocorre com o princípio da irredutibilidade salarial.

Para Eros Grau, norma jurídica é gênero, englobando como espécies regras e princípios. Princípios são normas jurídicas[21].

9.2.2.2 Diferença entre princípio e regra

Os princípios diferenciam-se das regras por vários aspectos. As regras estão previstas no ordenamento jurídico. Os princípios nem sempre estão positivados, expressos no ordenamento jurídico, pois em alguns casos estão implícitos nesse ordenamento, contidos em alguma regra. Decorrem os princípios de estimação ética e social.

---

[18] REALE, Miguel. *Lições preliminares de direito*. 27. ed., 11. tir. São Paulo: Saraiva, 2012 p. 97.
[19] DWORKIN, Ronald. *Taking right seriously*. London: Duckworth, 1987, p. 22.
[20] ALEXY, Robert. *Teoria dos direitos fundamentais*. São Paulo: Malheiros, 2008, p. 87-94.
[21] GRAU, Eros. *A ordem econômica na Constituição de 1988*: interpretação e crítica. 2. ed. São Paulo: Revista dos Tribunais, 1991, p. 127.

A regra serve de expressão a um princípio, quando, por exemplo, este é positivado ou até como forma de interpretação da própria regra, que toma por base o princípio. Os princípios não servem de expressão às regras. As regras são a aplicação dos princípios ou operam a concreção dos princípios, sobre os quais se apoiam.

Sustentam os princípios os sistemas jurídicos, dando-lhes unidade e solidez. São, portanto, vigas mestras do ordenamento jurídico. Princípio é a bússola que norteia a elaboração da regra, embasando-a e servindo de forma para sua interpretação. Os princípios influenciam as regras.

Princípios não se confundem com axiomas. Axioma é uma proposição que necessita ser provada. É aplicado em decorrência da lógica. Os princípios inspiram, orientam, guiam, fundamentam a construção do ordenamento jurídico. Sob certo aspecto, podem até limitar o ordenamento jurídico, erigido de acordo com os princípios. Não são, porém, axiomas absolutos e imutáveis, pois pode haver mudança da realidade fática, que implica a necessidade da mudança da legislação, do Direito, em razão da realidade histórica em que foi erigido.

As regras são instituídas tomando por base os princípios. Orientam os princípios a formação de todo o sistema, enquanto a regra está inserida nele, sendo influenciada pelos princípios. O princípio pode ser levado em consideração para a interpretação da regra, enquanto o inverso não ocorre. A aplicação dos princípios é um modo de harmonizar as regras.

Tem o princípio acepção filosófica, enquanto a regra tem natureza técnica[22].

É o princípio o primeiro passo na elaboração das regras, pois dá sustentação a elas. O princípio é muito mais abrangente que uma simples regra; além de estabelecer certas limitações, fornece fundamentos que embasam uma ciência e visam à sua correta compreensão e interpretação.

Violar um princípio é muito mais grave do que violar uma regra. A não observância de um princípio implica ofensa não apenas a específico mandamento obrigatório, mas a todo o sistema jurídico.

Como assevera Celso Antônio Bandeira de Mello:

> violar um princípio é muito mais grave que transgredir uma norma qualquer. A desatenção do princípio implica ofensa não apenas a um específico mandamento obrigatório, mas a todo o sistema de comandos. É a mais grave forma de inconstitucionalidade, conforme o escalão do princípio atingido, porque representa insurgência contra todo o sistema, subversão de seus valores fundamentais, contumélia irremissível a seu arcabouço lógico e corrosão de sua estrutura mestra.

---

[22] MANS PUIGARNAU, Jaime M. *Los principios generales del derecho*. Barcelona: Bosch, 1947, p. XXX.

Isto porque, com ofendê-lo, abatem-se as vigas que o sustêm e alui-se toda a estrutura nelas esforçada[23].

Têm os princípios grau de abstração relativamente elevado. Podem ser vagos, indeterminados, amplos. São *standards* juridicamente vinculantes, fundados na exigência de justiça ou na ideia de direito. Fundamentam regras e permitem verificar a *ratio legis*. As regras podem ser normas vinculativas, com conteúdo meramente funcional, prescrevendo imperativamente uma exigência (de imposição, permissão ou proibição).

A norma tem característica genérica, enquanto a regra tem natureza específica. As regras trazem muitas vezes a concreção dos princípios.

As regras aplicam-se diretamente, não comportando exceções. Ou são aplicadas por completo, ou não são aplicadas. É um "tudo ou nada", como afirma Eros Grau[24].

Havendo situação de fato que se encaixa no pressuposto fático, a norma é aplicada. Dispõe o art. 135 do Código Civil que, para a validade do instrumento particular, é preciso que seja subscrito por duas testemunhas. Não será válido o instrumento particular subscrito por uma única testemunha. Determina o inciso I do art. 1.632 do Código Civil que há necessidade de que cinco testemunhas presenciem o testamento público. Apenas duas testemunhas não poderão presenciá-lo, pois o requisito básico não foi observado.

Coexistem os princípios entre si. Permitem interpretação de valores e de interesses, de acordo com seu peso e ponderação. Os princípios devem ser interpretados da mesma maneira como se interpretam as leis, inclusive sistematicamente. Quando os princípios se entrecruzam, deve-se verificar o peso relativo de cada um deles, segundo o entendimento de Eros Grau[25].

A adoção de um princípio implica o afastamento do outro, porém o último não desaparece do sistema. Um princípio pode ser hierarquicamente superior a outro, por ser mais abrangente ou por ser desdobramento do primeiro ou de outro. Não se pode negar que há uma hierarquia entre os princípios. Havendo conflito entre um e outro, a solução decorre sempre da interpretação que faz prevalecer o mais recente sobre o anterior, o de maior grau sobre o de menor grau. Entretanto,

---

[23] MELLO, Celso Antônio Bandeira de. *Curso de direito administrativo*. 7. ed. São Paulo: Malheiros, 1995, p. 538.

[24] GRAU, Eros. *A ordem econômica na Constituição de 1988*: interpretação e crítica. 2. ed. São Paulo: Revista dos Tribunais, 1991, p. 107.

[25] GRAU, Eros. *A ordem econômica na Constituição de 1988*: interpretação e crítica. 2. ed. São Paulo: Revista dos Tribunais, 1991, p. 111.

os princípios especiais de certa disciplina, quando existentes, devem prevalecer sobre um princípio geral.

Os princípios constitucionais, apesar de alguns serem mais abrangentes e importantes do que outros, também estão hierarquizados dentro do sistema, com a prevalência do princípio de hierarquia superior sobre o de hierarquia inferior. Nos jogos de princípios, deve-se observar a preponderância do princípio do interesse público sobre o particular, ou na prevalência do princípio do interesse público sobre o princípio do direito adquirido.

Em relação às regras, não há como verificar a que tem mais importância, pois, se há conflito entre duas regras, uma delas não é válida[26], deixando de existir. As regras antinômicas se excluem. O ordenamento jurídico pode ter critérios para resolver o conflito de regras. Dependendo do caso, a regra de maior hierarquia tem preferência sobre a de menor hierarquia, ou a mais nova tem preferência sobre a mais antiga (§ 1º do art. 2º da Lei de Introdução), ou a mais específica sobre a mais genérica[27].

A regra, de modo geral, é instituída para ser aplicada a uma situação jurídica determinada, embora se aplique a vários atos ou fatos. O princípio acaba, porém, sendo aplicado a uma série indeterminada de situações[28]. Não tem por objetivo o princípio ser aplicado apenas a determinada situação jurídica.

O princípio não tem sanção por intermédio da lei, por seu descumprimento. A sanção que pode existir é moral.

As regras são normas fundamentais que informam a elaboração e a interpretação do Direito, sendo identificadas, portanto, nos textos legais, nas teorias e na doutrina. A regra tem por objetivo ordenação, pôr ordem, regrar, espelhando uma regulamentação de caráter geral. Princípios são construções que servem de base ao Direito como fontes de sua criação, aplicação ou interpretação[29].

Os princípios e as regras são razões de juízo concretos de dever-ser.

---

[26] GRAU, Eros. *A ordem econômica na Constituição de 1988*: interpretação e crítica. 2. ed. São Paulo: Revista dos Tribunais, 1991, p. 111.

[27] Norberto Bobbio também faz referência ao fato de que, para solucionar a antinomia entre normas, deve-se verificar os critérios cronológico (*lex posterior derogat priori*), hierárquico (*lex superior derogat inferiori*) e da especialidade (*Teoria dell'ordinamento giuridico*. Turim: Giappichelli, 1960, p. 96-98).

[28] BOULANGER, Jean. *Principes généraux du droit positif et droit positif*: le droit privé français au milieu du XX siècle. Etudes offertes a Georges Ripert. Paris: LGDJ, 1950, p. 55-56.

[29] WRÓBLEWSKI, Jerzy. *Dictionnaire encyclopédique de théorie et de sociologie du droit*. Paris: LGDJ, 1988, p. 317, Principes du droit.

Permitem os princípios o balanceamento de valores e interesses, de acordo com seu peso e a ponderação de outros princípios conflitantes. As regras não deixam espaço para outra solução, pois ou têm validade, ou não têm. Os princípios envolvem problemas de validade e peso, de acordo com sua importância, ponderação, valia. As regras colocam apenas questões de validade. Têm os princípios função normogênica e sistemática.

Aplicam-se os princípios automática e necessariamente quando as condições previstas como suficientes para sua aplicação manifestam-se. A regra é geral porque estabelecida para número indeterminado de atos ou fatos, não sendo editada para ser aplicada a uma situação jurídica determinada. O princípio é geral porque comporta série indefinida de aplicações, não admitindo hipóteses nas quais não seria aplicável, porém não contém nenhuma especificação de hipótese de estatuição.

9.2.2.3 Diferença entre princípios e diretrizes

Princípios distinguem-se de diretrizes. Diretrizes são objetivos almejados, que podem ou não ser atingidos. Princípios não são objetivos, pois fundamentam o sistema jurídico.

9.2.2.4 Diferença entre princípios e peculiaridades

Princípios não se confundem com peculiaridades. Wagner Giglio faz interessante distinção entre princípios e peculiaridades, sendo adaptada para esta obra, pois foi analisada apenas no âmbito do Direito Processual do Trabalho:

a) princípios são necessariamente gerais, enquanto peculiaridades são restritas, atinentes a um ou poucos casos;

b) princípios informam, orientam e inspiram preceitos legais, por dedução, podendo deles ser extraídos, por meio de raciocínio indutivo. Das peculiaridades não é possível a extração de princípios, nem delas derivam normas legais;

c) princípios dão organicidade a institutos e sistemas. As peculiaridades não, pois esgotam sua atuação em âmbito restrito[30].

9.2.2.5 A Constituição de 1988

O legislador constituinte ajuda a confundir os conceitos, pois ora emprega o termo "princípios", ora "objetivos", ora "diretrizes", ora "fundamentos" etc.

---

[30] GIGLIO, Wagner D. *Direito processual do trabalho*. 8. ed. São Paulo: LTr, 1994, p. 104.

O art. 1º usa a palavra "fundamentos", que, na verdade, são princípios.

O art. 3º fala em objetivos[31].

Emprega o art. 4º a palavra "princípios", pois realmente se trata de princípios.

O art. 170 usa a palavra "princípios", estando também inserida no Capítulo I do Título VII, que trata "Dos princípios gerais da atividade econômica", embora haja um objetivo a ser conseguido que é a existência digna, enquanto a dignidade da pessoa humana é considerada um princípio no inciso III do art. 1º, sendo um fundamento no art. 170.

O parágrafo único do art. 194 faz referência a objetivos, que, na verdade, são princípios, pois fundamentam outros preceitos.

O art. 198 usa o termo "diretrizes", pois realmente são objetivos do constituinte; na verdade, temos uma norma-objetivo, segundo Eros Grau, que não define nem conduta, nem organização, fixando fins a serem alcançados, objetivos[32].

O art. 203 usa o termo "objetivos", pois realmente temos objetivos a serem atingidos e não princípios.

O art. 206 realmente trata de princípios, pois usa expressamente a palavra "princípios".

9.2.2.6 *Considerações gerais*

Para o Direito, o princípio é observado dentro de um sistema. O papel dos princípios nesse sistema será fundamental, pois irá informar e orientar tanto o legislador como o intérprete.

Em outras ciências, muitas vezes toma-se por base o que ocorre naquele momento. É o ser.

O Direito vai preocupar-se com o que deve ser diante da norma de conduta ou de organização, que corresponde ao que deve ser, do dever-ser[33].

---

[31] Calmon de Passos dá a entender que o art. 3º da Constituição contém princípios e não objetivos (O princípio de não discriminação. In: *Curso de direito constitucional do trabalho*: estudos em homenagem ao professor Amauri Mascaro Nascimento. São Paulo: LTr, 1991, v. 1, p. 137).

[32] GRAU, Eros. *Direito, conceitos e normas jurídicas*. São Paulo: Revista dos Tribunais, 1988, p. 132.

[33] KELSEN, Hans. *Teoria pura do direito*. São Paulo: Martins Fontes, 1987, p. 4-10 e 96-101.

A ciência jurídica preocupa-se com o dever-ser, isto é, com o ideal para uma situação de comportamento ou organização e não efetivamente sobre o ser, que traz a ideia de um elemento concreto.

Nesse sentido é que o princípio, para o Direito, é uma proposição diretora, um condutor para efeito da compreensão da realidade diante de certa norma.

Os princípios do Direito não são, porém, regras absolutas e imutáveis, que não podem ser modificadas, mas a realidade acaba mudando certos conceitos e padrões anteriormente verificados, formando novos princípios, adaptando os já existentes e assim por diante. Têm, também, de ser os princípios examinados no contexto histórico em que surgiram. Dentro da dinâmica da história, podem ser alterados ou adaptados diante da nova situação.

Atuam os princípios no Direito inicialmente antes de a regra ser feita, ou numa fase pré-jurídica ou política. Nessa fase, os princípios acabam influenciando a elaboração da regra, como proposições ideais. Correspondem ao facho de luz que irá iluminar o legislador na elaboração da regra jurídica. São fontes materiais do Direito, pois muitas vezes são observados na elaboração da regra jurídica.

9.3 Função dos princípios

Os princípios têm várias funções: informadora, inspiradora, normativa, orientadora e interpretativa.

A função informadora serve de inspiração ao legislador, dando base à criação de preceitos legais, fundamentando as normas jurídicas e servindo de sustentação para o ordenamento jurídico. São descrições informativas que irão inspirar o legislador. Num segundo momento, os princípios informadores servirão também de auxílio ao intérprete da norma jurídica positivada.

Os princípios servem de orientação ao legislador e ao intérprete.

Atua a função normativa como fonte supletiva, nas lacunas ou omissões da lei, quando inexistam outras normas jurídicas que possam ser utilizadas pelo intérprete. Irão atuar em casos concretos em que inexista uma disposição específica para disciplinar determinada situação. Nesse caso, são utilizados como regra de integração da norma jurídica, preenchendo as lacunas existentes no ordenamento jurídico, completando-a, inteirando-a. Seria também uma espécie de função integrativa, como instrumentos de integração das normas jurídicas, como ocorre, por exemplo, nas lacunas.

A interpretação de certa norma jurídica também deve ser feita de acordo com os princípios. Irá a função interpretativa servir de critério orientador para os intérpretes e aplicadores da lei. Será uma forma de auxílio na interpretação da norma jurídica e também em sua exata compreensão. De modo geral, qualquer princípio acaba cumprindo também uma função interpretativa da norma jurídica, podendo servir como fonte subsidiária do intérprete para a solução de um caso concreto.

Têm, ainda, os princípios função construtora. Indicam a construção do ordenamento jurídico, os caminhos que devem ser seguidos pelas normas.

O art. 8º da CLT autoriza o intérprete a utilizar-se da analogia, da equidade, dos princípios gerais de direito, principalmente do Direito do Trabalho, dos usos e costumes, na falta de disposições legais ou contratuais específicas, porém desde que nenhum interesse de classe ou particular prevaleça sobre o interesse público.

O art. 4º da Lei de Introdução às Normas do Direito Brasileiro[34] permite ao juiz, quando a lei for omissa, decidir o caso concreto que lhe foi submetido de acordo com a analogia, os costumes e os princípios gerais de direito. O juiz não se exime de decidir alegando lacuna ou obscuridade do ordenamento jurídico (art. 140 do CPC).

No julgamento da lide, caber-lhe-á aplicar as normas legais; não as havendo, recorrerá à analogia, aos costumes e aos princípios gerais de direito. O juiz, porém, só decidirá por equidade nos casos previstos em lei (parágrafo único do art. 140 do CPC), como ocorre no Direito do Trabalho com a autorização do art. 8º da CLT. Da forma como o art. 8º da CLT está redigido, os princípios têm função integrativa da norma jurídica, pois apenas na falta de disposições legais ou contratuais é que serão aplicados. Isso significa que serão utilizados quando houver lacuna na lei, completando a norma jurídica. Poderão também ser utilizados como forma de interpretação, quando a norma não seja suficientemente clara para o caso a ser dirimido.

Dispõe o art. 8º da CLT que os princípios são aplicáveis quando houver omissão na CLT. Em nosso sistema, os princípios não têm função retificadora ou corretiva da lei, pois só são aplicáveis em caso de lacuna da lei. A finalidade dos princípios é de integração da lei. Havendo norma legal, convencional ou contratual, os princípios não são aplicáveis.

No Direito Comparado também encontramos a utilização dos princípios nas lacunas da lei.

O art. 16º do Código Civil de Portugal dispõe que, se deve recorrer aos princípios de "direito natural" quando de nada valerem, para a resolução da questão controvertida, nem o texto escrito, nem o espírito, nem o processo analógico.

Determina o art. 332 da Constituição austríaca a injunção de normas constitucionais, não regulamentadas, em razão de princípios gerais de direito. Na

---

[34] Decreto-Lei n. 4.657, de 4 de setembro de 1942.

Áustria, considera-se que "os princípios de justiça natural suprem as lacunas das disposições vigentes". O art. 7º do Código Civil determina que, se o caso permanecer duvidoso, deve ser resolvido em razão das circunstâncias reunidas com cuidado e maduramente apreciadas, segundo os princípios jurídicos naturais.

O art. 16 do Código Civil do Uruguai reza que, se "ocorrer um negócio jurídico que não se possa resolver pelas palavras nem pelo espírito da lei, sobre a matéria, recorrer-se-á aos fundamentos das leis análogas; e se, ainda assim subsistir a dúvida, recorrer-se-á aos princípios gerais de direito".

Previa o art. 3º do Código Civil italiano de 1865 que, se não for possível decidir uma controvérsia com uma disposição precisa de lei, recorrer-se-á às disposições que regulam casos semelhantes ou matérias análogas; se o caso permanecer ainda em dúvida, decidir-se-á de acordo com os princípios gerais de direito. É, portanto, um recurso supletivo. A alínea 2ª do art. 12 das Disposições Preliminares do Código Civil italiano afirma que, "se o caso permanecer dúbio, se decide conforme o princípio geral do ordenamento jurídico do Estado".

Os princípios serão o último elo de que o intérprete irá se socorrer para a solução do caso que lhe foi apresentado. São, portanto, os princípios espécies de fontes secundárias para aplicação da norma jurídica, sendo fundamentais na elaboração das leis e na aplicação do direito, preenchendo lacunas da lei.

9.4 Classificação

Os princípios podem ser[35]:

a) omnivalentes, que são válidos e aplicáveis para todas as formas de saber;

b) plurivalentes, que são aplicáveis a vários campos de conhecimento;

c) monovalentes, que são aplicados apenas a determinada ciência, como ocorre com o Direito.

9.5 Princípios gerais
9.5.1 Introdução

Evidencia-se o caráter informador dos princípios, de informar o legislador na fundamentação das normas jurídicas, assim como o de fonte normativa, de suprir as lacunas e omissões da lei.

---

[35] REALE, Miguel. *Lições preliminares de direito*. 27. ed., 11. tir. São Paulo: Saraiva, 2012, p. 304.

9.5.2 Princípios gerais de Direito

Existem princípios que são comuns ao Direito em geral. É de se destacar, por exemplo, que ninguém poderá alegar a ignorância do Direito. O art. 3º do Decreto-Lei n. 4.657/42 é claro no sentido de que ninguém se escusa de cumprir a lei, alegando que não a conhece.

O princípio do respeito à dignidade da pessoa humana é hoje encontrado até mesmo na Constituição (art. 1º, III), como um dos objetivos da República Federativa do Brasil, como um Estado Democrático de Direito. Há de se respeitar a personalidade humana, como um direito fundamental. O inciso X do art. 5º da Lei Maior assegura a inviolabilidade à intimidade, à vida privada, à honra e à imagem das pessoas, assegurando o direito à indenização pelo dano material ou moral decorrente de sua violação.

O princípio da proibição do abuso de direito ou do lícito exercício regular do próprio direito é fundamental no Direito. O inciso I do art. 188 do Código Civil mostra que não constituem atos ilícitos os praticados no exercício regular de um direito reconhecido. Logo, se o ato é praticado mediante seu exercício irregular, estaremos diante de um ato ilícito. Silvio Rodrigues afirma que o abuso do direito constitui uma das dimensões do ilícito[36].

Veda também o Direito o enriquecimento sem causa. Uma pessoa não poderá locupletar-se de outra, enriquecendo à custa dela, sem que haja causa para tanto.

Tem ainda o Direito função social, que é regular a vida humana na sociedade, estabelecendo regras de conduta que devem ser respeitadas por todos. No Direito Romano já se dizia que onde existe sociedade aí existirá Direito (*ubi societas, ibi ius*) e, reciprocamente, onde existe Direito aí existirá sociedade (*ubi ius, ibi societas*). Entretanto, pode-se dizer que o Direito é que está a serviço da sociedade e não esta a serviço do Direito. Não há como negar, porém, que o Direito desempenha função social, que é fundamental para regular a vida humana em sociedade.

As pessoas devem agir com razoabilidade. Na aplicação da norma isso também deve ocorrer.

O princípio da proporcionalidade deve ser entendido no sentido de que não se pode impor condutas a não ser para o estrito cumprimento do interesse público. Não se pode agir com excessos, nem de modo insuficiente.

O princípio da segurança jurídica mostra a necessidade da manutenção das relações jurídicas.

---

[36] RODRIGUES, Silvio. *Direito civil*. São Paulo: Max Limonad, 1962, p. 338.

É aplicável o princípio da boa-fé, inclusive nos contratos (art. 422 do Código Civil), seja no Direito Civil ou no Comercial, mas também no Direito do Trabalho. É observado inclusive no processo civil (art. 5º do CPC). Presume-se a boa-fé. A má-fé deve ser provada. Todo e qualquer contrato ou relação jurídica deve ter por base a boa-fé, assim como qualquer pessoa deveria assim proceder em suas relações.

Não se pode alegar a própria torpeza como forma de deixar de cumprir certa relação. Determinada situação não pode ser considerada nula em razão de a própria parte lhe ter dado causa. É a aplicação da regra latina *nemo suam propriam turpitudinem profitare potest*.

Ulpiano entendia que são preceitos do Direito: viver honestamente, não lesar a outrem e dar a cada um o que lhe pertence (*iuris praecepta sunt haec – honest vivere, allerum non suum cuique tribuere*).

Os princípios gerais cumprem, assim, função primordial de assegurar a unidade do sistema, como um conjunto de valores e partes coordenadas entre si.

Há também princípios relativos a contratos, como o de que o contrato faz lei entre as partes, ou da força obrigatória dos contratos. Disso decorre o *pacta sunt servanda*, ou seja: os acordos devem ser cumpridos.

É claro que o *pacta sunt servanda* sofre certas atenuações, como da cláusula *rebus sic stantibus contractus qui habent tractum sucessivum et dependentiam de futuro, rebus sic stantibus intelligentur*. Enquanto as coisas permanecerem como estão, devem ser observadas as regras anteriores.

Se houver alguma modificação substancial, deve haver revisão da situação anterior. É o que ocorreria com o empregador que se obriga a pagar adicional de insalubridade ao empregado que presta serviços em condições prejudiciais à sua saúde. Entretanto, esse pagamento pode ser revisto em decorrência da utilização de equipamentos de proteção individual que eliminem a insalubridade existente no ambiente de trabalho.

O mesmo se pode dizer quando há mudança na realidade econômica, que pode implicar grave desequilíbrio contratual entre as partes, que não era previsto na relação inicial, necessitando também haver revisão das condições anteriormente pactuadas.

Lembre-se, ainda, do princípio da *exceptio non adimpleti contractus*, ou seja: nenhum dos contraentes pode exigir o implemento da obrigação do outro antes de cumprir sua parte no pactuado (art. 476 do Código Civil). Existe também o sinalagma inerente a qualquer contrato, em que há uma reciprocidade de direitos e obrigações.

Há ainda algumas máximas ou brocardos aplicáveis ao Direito. Brocardos jurídicos são as máximas que tratam de orientações ou ensinamentos sobre certa matéria.

O direito de uma pessoa termina onde começa o da outra.

Quem age direito está de acordo com a lei.

O que não é proibido é permitido.

O Direito não socorre os que dormem (*dormientibus non succurrit ius*). Se o credor dormiu, é porque não tem interesse no seu direito.

Onde há a mesma razão, deve-se aplicar a mesma disposição legal (*ubi eadem ius, ibi idem dispositio*).

As exceções são de interpretação estrita (*excepciones sunt strictissimae interpretationis*).

Ninguém será obrigado ao impossível (*ad impossibilia nemo tenetur*).

Nos casos duvidosos, deve-se preferir a solução mais benigna (*semper in dubiis, benigniora praeferenda sunt*).

O que num ato jurídico é útil não deve ser prejudicado por aquilo que não é (*utile per inutile non vitiatur*).

Ninguém deve se locupletar com o dano alheio, ou com a jactura alheia (*nemo locupletari debet cum aliena injuria vel jactura*).

Quem pode o mais pode o menos.

Conceitos jurídicos indeterminados são expressões contidas na norma jurídica que não têm um significado preciso ou determinado, mas vago, genérico. Exemplos podem ser: bem comum, interesse público.

Questionário

1. O que é princípio para o Direito?
2. Qual a diferença entre princípio e norma?
3. Qual a diferença entre princípios e peculiaridades?
4. Quais são as funções dos princípios?
5. Quais são os princípios gerais do direito?

10
Direito e norma jurídica

10.1 Conceito

Norma jurídica é "uma estrutura proposicional enunciativa de uma forma de organização ou de conduta, que deve ser seguida de maneira objetiva e obrigatória"[1].

10.2 Distinção

A norma jurídica é bilateral, no sentido de ser imperativa e autorizante. A norma jurídica tem sanção pelo seu descumprimento. A norma moral é unilateral e não tem sanção pelo seu descumprimento.

A norma jurídica é expressa por intermédio de uma proposição jurídica, estabelecendo uma conduta ou uma forma de organização. Ela enuncia um dever-ser. Pode ter uma ou mais proposições jurídicas.

A norma jurídica não brota automaticamente do cérebro do legislador. Ela é produto de fatos sociais que vão surgindo na sociedade. Uma vez editada a norma, ela adquire vontade própria, que se destaca da vontade do legislador.

O fundamento da norma jurídica é regular a vida das pessoas em sociedade.

A norma jurídica deve ser estabelecida por um poder organizado.

Pretende também a norma jurídica a realização da justiça.

---

[1] REALE, Miguel. *Lições preliminares de direito*. 27. ed., 11. tir. São Paulo: Saraiva, 2012, p. 95.

É geralmente genérica a norma jurídica. Ela não é feita para um caso específico.

10.3 Classificação

As normas podem ser classificadas como de conduta ou de organização. Essa classificação foi feita por W. Burckhardt em 1936.

Normas de conduta têm por objetivo disciplinar comportamento das pessoas na sociedade.

Normas de organização têm por objetivo estabelecer a estrutura e o funcionamento de órgãos. São normas instrumentais. Elas não têm por objetivo imediato a conduta dos indivíduos na sociedade[2]. Exemplos: a norma que organiza os ministérios da Presidência da República (Lei n. 14.600/2023); as pessoas jurídicas são de direito público, interno ou externo, e de direito privado (art. 40 do Código Civil).

As normas de conduta são chamadas de primárias ou de primeiro grau. Hart afirma que as normas primárias se referem à ação ou criam uma obrigação. Kelsen entende que norma primária é a que estabelece sanção pelo seu descumprimento.

As normas instrumentais são as secundárias ou de segundo grau. Hart entende que as normas secundárias são subsidiárias das primárias, mas não se limitam a estabelecer sanções, sendo mais complexas, pois atribuem poderes. Elas são de três tipos:

a) normas de reconhecimento são as destinadas a identificar as normas primárias, permitindo que seja verificada a sua validade e se elas pertencem a um sistema ou ordenamento jurídico;

b) regras de modificação regulam o processo de transformação das normas primárias, sua revogação ou ab-rogação;

c) normas de julgamento disciplinam a aplicação das normas primárias[3].

Na verdade, essas normas mencionadas por Hart teriam a característica de normas de organização, pois tratam de organização.

Quanto à imperatividade, as normas jurídicas podem ser classificadas em:

a) normas cogentes, imperativas ou de ordem pública. São normas de ordem pública absoluta. Ordenam ou proíbem algo. As partes não podem modificá-las por sua vontade;

---

[2] HART, H. L. A. *The concept of law*. 2. ed. Oxford: Clarendon Press, 1994, p. 99 e s.

[3] HART, H. L. A. *O conceito de direito*. 2. ed. Lisboa: Fundação Calouste Gulbenkian, 1996, p. 103-107.

a.1) normas imperativas afirmativas, pois afirmam uma conduta: transfere-se entre vivos a propriedade mediante o registro do título translativo no Registro de Imóveis (art. 1.245 do Código Civil);

a.2) normas imperativas negativas são as que estabelecem o que não pode ser feito: não pode ser objeto de contrato a herança da pessoa viva (art. 426 do Código Civil);

b) normas de imperatividade relativa ou dispositivas. Elas são de ordem pública relativa. Não ordenam ou proíbem algo de forma absoluta. Salvo disposição em contrário, na cessão de um crédito, abrangem-se todos os seus acessórios (art. 287 do Código Civil);

b.1) podem ser permissivas, quando consentem ou permitem uma ação: é lícito aos nubentes, antes de celebrado o casamento, estipular, quanto aos seus bens, o que lhes aprouver (art. 1.639 do Código Civil).

b.2) podem ser supletivas, quando suprem a falta de manifestação de vontade das partes: efetuar-se-á o pagamento no domicílio do devedor, salvo se as partes convencionarem diversamente (art. 327, 1ª parte, do Código Civil). Não havendo convenção, ou sendo ela nula ou ineficaz, vigorará, quanto aos bens entre os cônjuges, o regime da comunhão parcial (art. 1.640 do Código Civil).

Quanto à natureza ou ao conteúdo, as normas jurídicas podem ser:

a) normas preceptivas são as que determinam que se faça alguma coisa, as que reconhecem outras normas que pertencem ao sistema;

b) normas proibitivas são as que proíbem a prática de certos atos;

c) normas permissivas são as permitem que alguém faça alguma coisa.

Normas genéricas são as que se aplicam a todas as pessoas que incidam nas suas disposições.

Normas particulares são referentes a casos específicos, como o contrato.

Norma perfeita é a que contém sanção no caso do seu descumprimento.

Norma imperfeita é a desprovida de sanção, como pode ocorrer com muitas regras previstas na Constituição.

Quanto à natureza de suas disposições, as normas podem ser:

a) substantivas, que definem e regulam relações jurídicas, criam direitos ou impõem deveres. São os exemplos do Código Civil, do Código Penal, do Código Comercial;

b) adjetivas. Não se deve dizer norma adjetiva, pois ela não qualifica o substantivo. Melhor dizer normas instrumentais, que têm por objetivo assegurar o direito da pessoa, efetivar as relações jurídicas, como o Código de Processo Civil, o Código de Processo Penal.

Quanto à sistematização, as normas jurídicas podem ser:

a) esparsas ou extravagantes, que são editadas isoladamente. A lei de gratificação de Natal (13º salário): Lei n. 4.090/62;

b) codificadas, quando estabelecidas num corpo orgânico de normas sobre certo ramo do Direito, como: o Código Civil, o Código Penal, o Código Tributário Nacional, o Código de Defesa do Consumidor;

c) consolidadas, quando não existe exatamente um direito novo, mas a reunião de normas esparsas num único dispositivo, como a Consolidação das Leis do Trabalho (Decreto-Lei n. 5.452/43).

José Afonso da Silva leciona que as normas constitucionais são classificadas em três categorias distintas, a saber: "de eficácia plena", "de eficácia limitada" e "de eficácia contida".

As normas constitucionais de eficácia plena produzem efeitos desde a entrada em vigor da Constituição, tendo aplicabilidade, portanto, direta, imediata e integral. Têm eficácia plena dispositivos que não necessitam ser regulamentados pela legislação infraconstitucional. Exemplo seria o adicional de horas extras de 50% (art. 7º, XVI).

Ensina Celso Bastos que a possibilidade de plena incidência da norma está sempre condicionada à forma de regulação da respectiva matéria. Se esta é descrita em todos os seus elementos, é plasmada por inteiro quanto aos mandamentos que lhe correspondem, no interior da norma formalmente posta, não há necessidade de intermédia legislação, porque o comando constitucional é bastante em si[4].

Normas constitucionais de eficácia contida têm aplicabilidade direta, imediata, mas não integral. Na eficácia contida, a norma constitucional terá eficácia, porém o legislador infraconstitucional poderá determinar restrições em relação ao tema.

O inciso VIII do art. 5º da Constituição dispõe que "ninguém será privado de direitos por motivo de crença religiosa ou de convicção filosófica ou política, salvo se as invocar para eximir-se de obrigação legal a todos imposta e recusar-se a cumprir prestação alternativa, fixada em lei".

Normas constitucionais de eficácia limitada ou reduzida produzem efeitos desde a entrada em vigor da Constituição, porém deixam a tarefa da normatividade ao legislador ordinário ou a outro órgão do Estado[5]. Na eficácia limitada, a norma somente terá eficácia quando for regulamentada no plano infraconstitucional.

---

[4] BASTOS, Celso Ribeiro. *Curso de direito constitucional*. São Paulo: Saraiva, 1998, p. 73.
[5] SILVA, José Afonso da. *Aplicabilidade das normas constitucionais*. 7. ed. São Paulo: Malheiros, 2007, p. 76.

Exemplo pode ser a participação na gestão das empresas, pois o inciso XI do art. 7º da Constituição dispõe que ela será estabelecida conforme definido em lei.

Normas programáticas estabelecem um programa ou metas a serem cumpridas ou então enunciam princípios gerais, necessitando de complementação pela legislação infraconstitucional. Não são normas de execução imediata. Estabelecem valores ou conceitos indeterminados ou parcialmente indeterminados. Exemplo: o art. 205 da Constituição, ao tratar da educação, um direito de todos e um dever do Estado. Se é norma, que tem característica impositiva, não pode ser programática, que enuncia um programa.

Normas constitucionais autoaplicáveis, autoexecutáveis (*self-executing, self-enforcing* ou *self-acting*) são as normas constitucionais que independem de lei para prover sua eficácia, por serem completas. A Constituição já define a matéria de forma completa.

Normas não autoaplicáveis, não autoexecutáveis ou *not self-executing* são as que dependem do legislador ordinário para terem eficácia. Precisam de regulamentação legal para que possam ser aplicáveis e produzirem efeitos jurídicos[6].

Normas constitucionais bastantes em si são as que independem de lei para ter eficácia plena.

Normas não bastantes em si são as que necessitam de lei para serem complementadas.

A norma jurídica tem um pressuposto de fato (*Tatbestand*, em alemão; *fattispecie*, em italiano) e um dispositivo ou preceito (*Rechsfolge* ou *disposizione*). Ela enuncia uma hipótese que produz consequências jurídicas. Ela estabelece o que deve ser. A norma não vai descrever algo que simplesmente é, mas que deve ser.

Prevê a norma jurídica, de forma genérica, um fato típico. Se houver a incidência de um fato na norma jurídica, haverá uma consequência.

Trata do crime de dano o art. 63 do Código Penal: destruir, inutilizar ou deteriorar coisa alheia. A hipótese ou fato tipo é destruir coisa alheia. É o comando que estabelece uma conduta para que a pessoa não destrua coisa alheia. Quem incide na referida regra, destruindo, inutilizando ou deteriorando coisa de uma pessoa, tem como consequência a pena de detenção de um a seis meses, ou multa. A sanção é a pena estabelecida na norma caso seu comando seja desobedecido. Pode a norma ser observada espontaneamente para que não seja estabelecida a sanção.

---

[6] FERREIRA FILHO, Manoel Gonçalves. *Curso de direito constitucional*. 34. ed. São Paulo: Saraiva, 2008, p. 12-13.

Norberto Bobbio classifica as normas no direito italiano em:

a) preventivas, que compreendem as medidas de vigilância e as medidas de desencorajamento, como as intimidativas;

b) medidas sucessivas, que compreendem as de retribuição, como multas, penas, privação de *status*;

c) medidas de reparação;

d) medidas sanatórias, como sequestro, confisco de bens, execução forçada[7].

Em decorrência da sanção, as normas podem ser: perfeitas, imperfeitas, menos que perfeitas e mais que perfeitas.

A norma perfeita (*lex perfecta*) tem sanção específica ou formalidade essencial. Há adequação entre o conteúdo da norma em relação ao fato e a correspondente sanção. Não se aplica uma pena ao violador do ato. Para a validade do negócio jurídico é preciso: agente capaz, objeto lícito e possível, forma não prescrita em lei (art. 104 do Código Civil).

É nula a nomeação de tutor pelo pai ou pela mãe que, ao tempo da sua morte, não tinha o poder familiar (art. 1.730 do Código Civil). "Serão nulos de pleno direito os atos praticados com o objetivo de desvirtuar, impedir ou fraudar, a aplicação dos preceitos constantes na presente Consolidação" (art. 9º da CLT).

A norma imperfeita (*lex imperfecta*) não tem sanção específica. A norma impõe dever, mas não existe sanção em razão da sua inobservância. Muitas normas constitucionais têm essa característica. As dívidas de jogo ou de aposta não obrigam a pagamento (art. 814 do Código Civil).

Caso seja violado o preceito, não há sanção específica. O credor não pode exigir do devedor a dívida de jogo. É uma obrigação natural.

A norma mais que perfeita (*lex plus quam perfecta*) estabelece a nulidade do ato praticado e a aplicação de uma pena. Não podem casar as pessoas casadas (art. 1.521, VI, do Código Civil). Contrair alguém, sendo casado, novo casamento: Pena – reclusão, de dois a seis anos (art. 235 do Código Penal).

A norma menos que perfeita (*lex minus quam perfecta*) tem sanção incompleta. A lei considera o ato anulável se houver vício de vontade e não nulo.

O Direito coercitivo ou *jus cogens* tem normas preceptivas e proibitivas.

As normas preceptivas ordenam uma ação, impõem um ato, uma obrigação etc.

As normas proibitivas proíbem determinada ação. Exemplo: não podem casar os ascendentes com os descendentes.

---

[7] BOBBIO, Norberto. *Sanzione. Novíssimo Digesto Italiano*. Turim: Editrice Torinese, 1968.

As normas de ordem pública absoluta são as que não podem ser derrogadas por convenções das partes, em que prepondera o interesse público sobre o individual. Há o interesse do Estado em estabelecer regras mínimas para o trabalhador e em que essas regras sejam cumpridas pelo empregador. São regras de natureza tuitiva, tutelar, que tratam, por exemplo, do interesse psicossomático do trabalhador, sendo indisponíveis por parte do obreiro, nem poderão deixar de ser cumpridas pelo empregador, sob pena de multa. São as normas que tratam de medicina e segurança do trabalho, da fiscalização trabalhista, do salário mínimo, das férias, do repouso semanal remunerado.

Normas de ordem pública relativa são as que, embora haja interesse do Estado em ver cumpridas as determinações, podem ser flexibilizadas. Exemplo é a possibilidade de redução de salários por meio de convenções ou acordos coletivos (art. 7º, VI, da Lei Fundamental); da compensação e redução da jornada de trabalho mediante acordo ou convenção coletiva (art. 7º, XIII, da Lei Maior); do aumento da jornada nos turnos ininterruptos de revezamento por intermédio de negociação coletiva (art. 7º, XIV, da Constituição).

As normas dispositivas são aquelas em que o Estado tem interesse em tutelar certos direitos, porém esse interesse é menor, podendo haver a autonomia da vontade das partes em estabelecer outras regras. Pode-se dizer que a legislação apenas estabelece um mínimo, que pode ser complementado pelas partes. Não dispondo as partes de modo diverso, prevalece o mínimo previsto na lei. São as que podem ser alteradas pelas partes, como ocorre nos contratos. É possível exemplificar com dispositivos previstos na própria Constituição, como o adicional de horas extras de, no mínimo, 50% (art. 7º, XVI), aviso prévio de no mínimo 30 dias (art. 7º, XXI); ou na CLT, como o adicional noturno de pelo menos 20% (art. 73) etc. Mediante negociação coletiva ou individual pode ser estabelecido percentual superior de horas extras, de adicional noturno ou aviso prévio maior do que 30 dias.

As normas autônomas são aquelas em que o Estado não interfere estabelecendo regras de conduta. As partes é que estabelecem preceitos, fruto do entendimento direto entre elas. No campo coletivo, seria a hipótese de o acordo ou convenção coletiva estabelecer regras não previstas na lei, como cesta básica para toda a categoria. No campo individual, seria a contratação mediante cláusula inserida no contrato de trabalho a respeito de complementação de aposentadoria. Como se vê, são regras que atuam no vazio deixado pela lei e que com ela não colidem.

Normas autônomas que vierem a colidir com regras de ordem pública, sejam absolutas, sejam relativas, não são válidas. Exemplo seria a hipótese de uma convenção coletiva que viesse a contrariar a política governamental de salários, pois o art. 623 da CLT determina a nulidade de disposição de acordo ou convenção coletiva que contrarie norma disciplinadora da política econômico-financeira do governo ou concernente à política salarial vigente, não produzindo nenhum efeito.

Normas rígidas ou inflexíveis não podem ser alteradas, nem mesmo pelo juiz, de forma a ampliar ou reduzir o seu conteúdo.

Normas flexíveis são as que permitem ao intérprete ou ao juiz ampliá-las ou restringi-las.

A sanção da norma pode ser repressiva, preventiva, executiva, restitutiva, rescisória e extintiva.

Sanção repressiva é a sanção da norma penal, como de pena privativa de liberdade, de multa. No Direito Civil, pode ser a prisão pelo não pagamento da pensão alimentícia, que o STF entende que não pode mais ser feita. No Direito Tributário, pode ser a multa pelo não pagamento do tributo.

Sanção preventiva no Direito Penal é a medida de segurança, estabelecendo que o delinquente perigoso deve se reeducado em estabelecimento penal.

Sanção executiva ocorre quando há uma forma de cumprir a obrigação mediante execução forçada.

Sanção restitutiva é a que tem por objetivo a restituição à situação anterior (*statu quo ante*), como no caso da reparação de dano.

Sanção rescisória é a multa pela rescisão de contratos.

Sanção extintiva é a que extingue relação jurídica e seus direitos, como na prescrição, na decadência.

Questionário

1. O que é norma bastante em si?
2. O que é norma de eficácia plena e aplicabilidade imediata?
3. O que é norma de eficácia contida?
4. O que é norma dispositiva?
5. O que é norma imperfeita?

11
Sistema e Direito

Estrutura é o conjunto de regras que determinam as relações entre os elementos[1].

Sistema é "um conjunto de elementos interligados harmonicamente e agrupados em torno de princípios fundamentais"[2]. Sistema jurídico é uma unidade lógica de Direito. O Direito é um sistema de conhecimentos jurídicos.

Não se acha uma norma isolada, mas em conexão íntima com outras. Cada disposição é pertencente a um grande todo. É preciso examinar o sistema jurídico no seu conjunto. Indaga-se:

> se obedecendo a uma determinação não se estará violando outra; inquirindo-se as consequências possíveis de cada exegese isolada. Lembre-se que em Roma o juiz não deveria decidir apenas com base numa parte da lei, mas deveria examinar a norma no seu conjunto[3].

O sistema jurídico é unitário, constituído de várias normas, que se integram entre si. Ele é como uma rede, que se interliga entre as suas várias partes.

Tem o sistema jurídico característica dinâmica, pois está em constante transformação em razão de mudanças de valores pela sociedade. O Direito é provenien-

---
[1] FERRAZ JR., Tercio Sampaio. *Introdução ao estudo do direito*: técnica, decisão, dominação. São Paulo: Atlas, 1988, p. 165.
[2] JARDIM, Eduardo Marcial Ferreira. *Manual de direito financeiro e tributário*. São Paulo: Saraiva, 1993, p. 4.
[3] SILVA, José Afonso da. *Aplicabilidade das normas constitucionais*. São Paulo: Revista dos Tribunais, 1982, p. 89-91.

te da história do país, da sua cultura, das suas tradições, da sua moral, dos seus valores, que estão em contínua evolução.

Protágoras, nascido em 490 a.C., filosofava serem "justas e boas as leis para a cidade somente durante o tempo em que ela assim as considerasse".

Daí por que a advertência de Kirchmann de que "ciência do direito, tendo por objeto o contingente, é também contingente: três palavras retificadoras do legislador tornam inúteis uma inteira biblioteca jurídica"[4].

O Direito toma por base a realidade social, que se modifica constantemente. O Direito está atrasado em relação aos fatos. Por isso, precisa se modificar constantemente.

Niklas Luhmann ensina que o sistema que prevê os próprios meios de alteração é um sistema autopoiético. "Nas sociedades contemporâneas, o próprio direito prevê mecanismos de sua reprodução, de sua reforma e adaptação às mudanças em relação ao que é exterior ao direito."

Autopoiético é a "qualidade de se autoconstruir, autorreproduzir". O sistema "reproduz a sua reprodução e as suas condições de reprodução", tal qual um organismo vivo, que se reproduz por si próprio, tornando-se sempre diferente e, ao mesmo tempo, sempre igual, de acordo com a informação genética[5].

Paul Roubier classifica as ordens jurídicas em:

a) *ratione materiae*, em razão de cada disciplina, como Direito Civil, Direito do Trabalho, Direito Constitucional etc.;

b) *ratione loci*, em razão do lugar em que o Direito vai atuar, como, no caso, o Direito estadual, o Direito municipal, o Direito distrital etc.;

c) *ratione personae*, em razão das pessoas sobre as quais produzirá efeitos, como no caso do Direito Canônico;

d) *ratione temporis*, analisando a matéria num contexto histórico, como o Direito Romano, o Direito português que se aplicava na colônia do Brasil;

e) *ratione fontis*, em razão da fonte da qual provém, como Direito escrito, consuetudinário, jurisprudencial, doutrinal[6].

---

[4] KIRCHMANN, Julius Hermann von. El carácter a-científico de la llamada ciencia del derecho, *Conferência*, 1847.
[5] LUHMANN, Niklas. *Die Kunst der Gesellschaft*. Frankfurt a. M.: Suhrkamp, 1995, p. 86.
[6] ROUBIER, Paul. *Théorie générale du droit*: histoire des doctrines juridiques et philosophie des valeurs sociales. Paris: Dalloz, 2005.

Em princípio, toda norma constitucional pode ter aplicação de imediato.

Leciona José Afonso da Silva que

> não há norma constitucional alguma destituída de eficácia. Todas elas irradiam efeitos jurídicos, importando sempre numa inovação da ordem jurídica preexistente à entrada em vigor da constituição a que aderem, e na ordenação da nova ordem instaurada. O que se pode admitir é que a eficácia de certas normas constitucionais não se manifesta na plenitude dos efeitos jurídicos pretendidos pelo constituinte, enquanto não se emitir uma normação jurídica ordinária ou complementar executória, prevista ou requerida[7].

A Constituição deve ser interpretada na íntegra, devendo ser analisada em seu conjunto. É preciso contemplar o dispositivo constitucional em análise com outros semelhantes, que formam o mesmo capítulo, examinando também a matéria em relação aos princípios gerais; em suma, todo o sistema em vigor.

Leciona Eros Grau que

> não se interpreta o direito em tiras, aos pedaços. A interpretação de qualquer texto de direito impõe ao intérprete, sempre, em qualquer circunstância, o caminhar pelo percurso que projeta a partir dele – do texto – até a Constituição. Um texto de direito isolado, destacado, desprendido do sistema jurídico, não expressa significado algum[8].

Alguns doutrinadores não aceitam hierarquia entre as normas constitucionais. José Carlos Vieira de Andrade admite que "a ordem dos valores constitucionais não é hierárquica e não permite, por isso, soluções abstratas conforme as eventuais patentes a que se promovam os diversos direitos fundamentais"[9].

Haveria, assim, a interpretação de acordo com o princípio da unidade da Constituição, segundo o qual "todas as normas contidas numa constituição formal têm igual dignidade (não há normas só formais, nem hierarquia de suprainfraordenação dentro da lei constitucional)"[10].

---

[7] SILVA, José Afonso da. *Aplicabilidade das normas constitucionais*. São Paulo: Revista dos Tribunais, 1982, p. 75.

[8] GRAU, Eros. *Ensaio e discurso sobre a interpretação/aplicação do direito*. 3. ed. São Paulo: Malheiros, 2005, p. 40.

[9] ANDRADE, José Carlos Vieira de. *Os direitos fundamentais na Constituição portuguesa de 1976*. Coimbra: Almedina, 1987, p. 222.

[10] CANOTILHO, José Joaquim Gomes. *Direito constitucional*. 5. ed., 2. reimp. Coimbra: Almedina, 1992, p. 197.

No STF há acórdão mencionando que: "A tese de que há hierarquia entre normas constitucionais originárias dando azo à declaração de inconstitucionalidade de umas em face de outras é impossível com o sistema de Constituição rígida"[11].

A nossa Constituição é rígida, pois tem processo de elaboração de emenda constitucional mais difícil de ser aprovado.

Em outro julgado, o STF decidiu: "inexistem, entre as normas inscritas no ADCT e os princípios constantes da Carta Política, quaisquer desníveis ou desigualdades quanto à intensidade de sua eficácia ou à prevalência de sua autoridade"[12].

Kruger e Giese, citados por Otto Bachof[13], admitem a hierarquia entre normas constitucionais.

Não há unanimidade de posicionamentos na doutrina sobre o tema.

Canotilho afirma que

> a probabilidade de uma norma constitucional originariamente inconstitucional é praticamente impossível em estados de legalidade democrática. Por isso é que a figura das normas constitucionais inconstitucionais, embora nos reconduza ao problema fulcral da validade material do direito, não tem conduzido a soluções práticas dignas de registro[14].

No Brasil, não há hierarquia entre as normas contidas na Constituição, que estão num mesmo patamar.

É de ressaltar que certas normas contidas na Constituição têm mais valor que outras, como o princípio da legalidade (art. 5º, II), que é elemento basilar do Estado de Direito, segundo Manoel Gonçalves Ferreira Filho[15]. Prevalecem, portanto, sobre a regra do § 2º do art. 242 da Constituição, que prevê que "o Colégio Pedro II, localizado na cidade do Rio de Janeiro, será mantido na órbita federal". Essa regra tem menor importância que as demais, que são princípios constitucionais que informam ou orientam outras regras.

Em outros casos, o próprio constituinte considerou que certas normas têm mais importância do que outras. O § 4º do art. 60 da Lei Magna prevê que os direi-

---

[11] STF, Pleno, ADIn 8135-3/DF, rel. Min. Moreira Alves, *Boletim da AASP*, n. 1987, de 22 a 28 de janeiro de 1997, p. 7.
[12] STF, 1ª T., RE 149.992-3, rel. Min. Celso de Mello, *DJU* 7-2-1997, p. 1.352.
[13] BACHOF, Otto. *Normas constitucionais inconstitucionais?* Coimbra: Atlântida, 1977, p. 55.
[14] CANOTILHO, José Joaquim Gomes. *Direito constitucional*. 5. ed., 2. reimp. Coimbra: Almedina, 1992, p. 241.
[15] FERREIRA FILHO, Manoel Gonçalves. *Comentários à Constituição brasileira de 1988*. São Paulo: Saraiva, 1990, v. 1, p. 28.

tos e as garantias individuais não serão objeto de deliberação de proposta de emenda tendente a aboli-los da Constituição (inciso IV). É sinal, num primeiro momento, de que têm maior importância do que outros.

Seria uma hipótese de antinomia normativa, como menciona Tercio Sampaio Ferraz Júnior[16].

Um critério de hermenêutica constitucional seria, havendo colisão de normas, interpretá-las de forma a "comprimir o menos possível cada um dos valores em causa segundo o seu peso na situação"[17]. O intérprete deve adequar o alcance das disposições em conflito, de modo que uma delas sofra a menor limitação possível, ponderados os "valores inerentes aos princípios que deverão prevalecer"[18].

Maria Helena Diniz entende que no trabalho de adequação de normas colidentes haveria verdadeira "interpretação corretiva"[19]. Segundo essa teoria, procura-se coordenar os diversos preceitos constitucionais contraditórios, interpretando-os em conjunto e não isoladamente, para evitar "o sacrifício total de uns em relação aos outros"[20].

O intérprete, porém, não pode corrigir o legislador. Seria admissível ao juiz interpretar a norma de forma a adequá-la aos seus fins sociais e às exigências do bem comum, conforme previsão do art. 5º da Lei de Introdução.

Dessa forma, há necessidade de interpretação sistemática da norma no contexto da Constituição.

Nesse aspecto, não se pode dizer que há inconstitucionalidade da Constituição, segundo o que se verifica nas explicações de Otto Bachof, em que haveria contradição entre normas constitucionais de grau inferior com as de grau superior[21].

11.1 Conflito de normas

Um sistema jurídico deve ter coerência entre suas normas e manter-se coerente, tendo uma consistência interna.

---

[16] FERRAZ JR., Tercio Sampaio. Antinomia. *Enciclopédia Saraiva de Direito*. São Paulo: Saraiva, 1978, v. 7, p. 9-18.

[17] ANDRADE, José Carlos Vieira de. *Os direitos fundamentais na Constituição portuguesa de 1976*. Coimbra: Almedina, 1987, p. 223.

[18] MIRANDA, Jorge. *Manual de direito constitucional*. Coimbra: Coimbra Editora, 1983, t. II, p. 229.

[19] DINIZ, Maria Helena. *Norma constitucional e seus efeitos*. São Paulo: Saraiva, 1989, p. 115.

[20] CANOTILHO, José Joaquim Gomes. *Direito constitucional*. 5. ed., 2. reimp. Coimbra: Almedina, 1992, p. 234.

[21] BACHOF, Otto. *Normas constitucionais inconstitucionais?* Coimbra: Atlântida, 1977, p. 54-59.

Apesar disso, o sistema jurídico pode conter antinomias.

A antinomia é o conflito entre duas normas jurídicas, que pertencem ao mesmo sistema jurídico, mas que são incompatíveis entre si por algum motivo.

Quanto ao critério de solução, as antinomias podem ser:

a) aparentes: em que o critério de solução de antinomia pertence ao ordenamento jurídico;

b) real: quando o ordenamento jurídico não tenha um critério específico de solução de conflitos de normas.

Antinomia de segundo grau ocorre quando existe um conflito entre os próprios critérios de solução da antinomia.

Quanto ao conteúdo, as antinomias podem ser:

a) próprias: ocorrem quando uma conduta é prescrita e ao mesmo tempo não prescrita, proibida e permitida;

b) impróprias: decorrem do conteúdo material das normas. Podem ser:

b.1) antinomia de princípios, quando um sistema jurídico protege valores opostos, como liberdade e segurança;

b.2) antinomia valorativa, quando o valor atribuído na norma é menor do que deveria ser. É o que ocorre com um crime a que se atribui pena leve, quando deveria ser uma pena maior;

b.3) antinomia teleológica, se a norma tiver incompatibilidade entre os fins propostos e os meios previstos por outra norma.

Quanto ao âmbito, as antinomias podem ser:

a) de Direito interno, que ocorrem entre normas de um mesmo ramo do Direito ou entre normas de diferentes ramos do Direito;

b) de Direito Internacional, que ocorrem em convenções internacionais, costumes internacionais;

c) de Direito interno e Direito Internacional, que ocorrerão entre dois ordenamentos, o interno e o internacional.

Existem três critérios para solucionar os conflitos entre normas. O primeiro é o cronológico, o segundo é o hierárquico e o terceiro o da especialidade[22].

No primeiro critério, o conflito é resolvido pela prevalência da norma posterior em relação à anterior: *lex posterior derogat priori*[23]. Presume-se que a norma posterior, se regula inteiramente a matéria, revoga a anterior.

---

[22] BOBBIO, Norberto. *Teoria do ordenamento jurídico*. 8. ed. Brasília: Universidade de Brasília, 1996, p. 92.

[23] BOBBIO, Norberto. *Teoria do ordenamento jurídico*. 8. ed. Brasília: Universidade de Brasília, 1996, p. 92-93.

No segundo critério, a norma de maior hierarquia impõe-se sobre a de menor hierarquia: *lex superior derogat inferiori*[24]. A Constituição se sobrepõe às demais normas. Se uma lei ordinária dispõe contrariamente ao que prevê a Constituição, ela é inconstitucional. A Constituição prevalece sobre ela. Kelsen afirma que a norma fundamental (*Grundnorm*) está num escalão superior[25]. A Constituição, que é a norma fundamental de um Estado, é o fundamento de validade de todo o seu ordenamento jurídico.

No terceiro critério, a norma especial prevalece sobre a geral: *lex specialis derogat generali*[26].

A antinomia de segundo grau pode ter conflitos entre os critérios[27]:

a) hierárquico e cronológico: a norma constitucional anterior prevalece sobre a norma infraconstitucional mais recente, pois a primeira tem mais hierarquia que a segunda e a primeira é fundamento de validade da segunda;

b) de especialidade e cronológico: é o que ocorre em um conflito entre uma norma especial mais antiga e uma norma geral mais recente. Prevalece a norma especial sobre a geral, por ser específica para o caso;

c) hierárquico e de especialidade: é o que ocorre entre uma norma constitucional geral e uma norma infraconstitucional especial. Em tese, deveria prevalecer a Constituição, pois é hierarquicamente superior à norma infraconstitucional. Se a Constituição só fixa regras gerais e não é fundamento para a norma infraconstitucional especial, prevalece esta última, por ser especial. Se a norma infraconstitucional especial entra em conflito direto com a Constituição, ela é inconstitucional, prevalecendo a Constituição. "Na prática, a exigência de adaptar os princípios gerais de uma Constituição às sempre novas situações leva frequentemente a triunfar a lei especial, mesmo que ordinária, sobre a constitucional."[28]

Pode ocorrer de as normas antinômicas serem da mesma hierarquia, da mesma cronologia e da mesma especialidade. Caso o conflito seja entre normas constitucionais, um princípio ou norma mais importante prevaleceria sobre o outro. Assim, o direito à vida, à saúde, prevaleceria sobre outro menos importante. Se o conflito ocorre entre leis ordinárias, como num preceito que proíbe e outro que

---

[24] BOBBIO, Norberto. *Teoria do ordenamento jurídico*. 8. ed. Brasília: Universidade de Brasília, 1996, p. 93.
[25] KELSEN, Hans. *Teoria pura do direito*. 4. ed. Coimbra: Armênio Amado, p. 269.
[26] KELSEN, Hans. *Teoria pura do direito*. 4. ed. Coimbra: Armênio Amado, p. 96.
[27] DINIZ, Maria Helena. *Compêndio de introdução à ciência do direito*. 26. ed. São Paulo: Saraiva, 2017, p. 509-510.
[28] BOBBIO, Norberto. *Teoria do ordenamento jurídico*. 10. ed. Brasília: Universidade de Brasília, 1997, p. 109.

permite, o legislador deveria editar outra norma ou então seria possível usar da lei mais favorável (*lex favorabilis*)[29].

11.2 Lacunas

Lacuna é algo incompleto.

No âmbito jurídico, existe lacuna quando a norma jurídica não tem uma solução para a situação de fato analisada.

Há autores que afirmam que não há lacuna no ordenamento jurídico, pois existe o juiz para supri-la[30].

O juiz não cria normas jurídicas gerais. Não é função dele criar a norma jurídica. O juiz não é legislador, ele analisa um caso concreto, geralmente individual, que lhe é submetido à apreciação.

Os sistemas jurídicos, porém, não são completos. Não têm soluções para todas as situações de fato.

Há lacuna normativa quando não existe norma para tratar de determinado tema. É a ausência de regra específica para regular um caso concreto.

Lacunas ontológicas compreendem a inadequação da ordem normativa à diversidade das ações humanas. Havendo uma norma, ela não corresponde aos fatos sociais. A norma envelheceu e não acompanhou os fatos.

Na lacuna axiológica, a norma não é justa. A aplicação da lei ao caso concreto resultará solução injusta ou insatisfatória.

Lacunas deontológicas dizem respeito ao interior da ordem normativa.

O juiz não se exime de decidir alegando lacuna ou obscuridade do ordenamento jurídico (art. 140 do CPC).

Quando a lei for omissa, o juiz decidirá o caso de acordo com a analogia, os costumes e os princípios gerais de direito (art. 4º da Lei de Introdução).

As autoridades administrativas e a Justiça do Trabalho, na falta de disposições legais ou contratuais, decidirão, conforme o caso, pela jurisprudência, pela analogia, por equidade e outros princípios e normas gerais de direito, principalmente do direito do trabalho, e, ainda, de acordo com os usos e costumes, o direito com-

---

[29] MASCARO, Alysson Leandro. *Introdução ao estudo do direito*. São Paulo: Quartier Latin, 2007, p. 178.
[30] AFTALIÓN, García Olano; VILANOVA, José. *Introducción al derecho*. 5. ed. Buenos Aires: El Ateneo, 1956, t. 1, p. 257.

parado, mas sempre de maneira que nenhum interesse de classe ou particular prevaleça sobre o interesse público (art. 8º da CLT).

Na aplicação da lei, o juiz atenderá aos fins sociais a que ela se dirige e às exigências do bem comum (art. 5º da Lei de Introdução).

Observa o juiz as máximas da experiência. O juiz aplicará as regras de experiência comum subministradas pela observação do que ordinariamente acontece e ainda as regras de experiência técnica, ressalvado, quanto a esta, o exame pericial (art. 375 do CPC).

Questionário

1. O que são lacunas axiológicas?
2. O que são lacunas ontológicas?
3. O que é lacuna normativa?
4. O que são lacunas deontológicas?

12
Ramos do Direito

12.1 Introdução

Há várias classificações do Direito.

O Direito Positivo estabelece o que é útil. É a previsão contida na norma, principalmente a estatal.

Uma subclassificação divide o Direito Positivo em Direito Internacional ou externo e Direito Nacional ou interno.

O Direito Internacional é subdividido em Direito Internacional Público e Direito Internacional Privado. O Direito Internacional é decorrente de um compromisso de um Estado com outro ou entre Estados. Anteriormente, o Direito Internacional era denominado Direito das Gentes (*Jus Gentium*), expressão usada no século XVI por Francisco de Vitória. A expressão "Direito Internacional" foi usada pela primeira vez por Bentham, em 1780, em *Introduction to the principles of morals and legislation*. As suas sanções são a represália e a guerra.

O Direito Nacional ou Direito Interno pode ser dividido em Público e Privado.

Ulpiano, no Direito Romano, dividia o Direito em Público e Privado. O Direito Público tinha por objeto o estado das coisas em Roma. O Direito Privado preocupava-se com a utilidade de cada cidadão, disciplinando o interesse dos particulares. A classificação é baseada nos interesses que o Direito vai regulamentar. Essa classificação tem natureza eminentemente didática, pois o Direito como ciência é o gênero, e tem seus diversos ramos, que são considerados as espécies. Cada ramo do Direito mantém relações com as demais espécies do gênero.

No Digesto, Direito Privado era o que tinha utilidade singular. No Direito Público, há interesse coletivo a proteger. No Direito Privado, há um interesse individual. Entretanto, um interesse individual também pode ser tutelado pelo Direito Público.

Direito Público é o que disciplina os interesses da coletividade (*publicum jus est quod ad statum rei romanae spectat*). Direito Privado seria o que regula as relações dos indivíduos entre si (*privatum, quo ad singulorum utilitatem*).

A teoria do interesse preponderante afirma que o Direito Público abrange as normas do interesse direto da sociedade e indireto do indivíduo. O Direito Privado diz respeito às normas do interesse direto dos indivíduos e indireto ou mediato do Estado. Muitas vezes, há uma comunhão de interesses. Esses interesses estão interligados. Há necessidade, porém, de verificar a preponderância das normas. O Direito é público se for geral. É privado, se for individual.

Muitas vezes um Código tem característica privada, mas pode tratar de disciplinar questões públicas, como ocorre com o Código Civil, que trata de sucessões, de casamento etc. A CLT, que trata de regras trabalhistas, tem natureza privada, mas contém regras de Direito Público, de um direito mínimo, que não pode ser modificado, como de salário mínimo, férias etc.

Savigny entende que no Direito Público o Estado é o fim e o indivíduo ocupa lugar secundário. No Direito Privado, o indivíduo é o fim e o Estado é o meio. Analisa a questão pelo fim das relações jurídicas.

Ihering fez a divisão de acordo com o titular do direito ser o indivíduo, a sociedade ou o Estado.

Quanto ao conteúdo ou objeto da relação jurídica, o Direito é Público se tem por objetivo o interesse geral. Quando o interesse é particular, o Direito é Privado. A relação jurídica de venda e compra não tem interesse público, mas privado. Logo, é de Direito Privado.

A divisão de Direito Público e Privado pode ser analisada pelos sujeitos envolvidos. Direito Público tem normas que concernem ao Estado. Direito Privado diz respeito aos particulares. Entretanto, o Estado pode contratar nas mesmas condições que um particular, como quando faz um contrato de aluguel para estabelecer uma repartição pública. Há relações jurídicas particulares que são regidas pelo Direito Público, como em relação a menores e ao Direito de Família e de Sucessões.

Quanto à forma da relação, o Direito Público tem uma relação jurídica de subordinação. O Estado tem posição superior à dos particulares. Exerce um poder de mando. Protege os interesses públicos. Direito Privado teria uma relação de coordenação. As partes estariam em posição de igualdade. Os interesses são preponderantemente particulares.

Del Vecchio leciona que o Direito pode ser estatal e não estatal. Fora do Estado existem outros centros de determinações jurídicas, como ocorre, por exemplo, com as regras da Máfia, da associação para os associados.

12.2 Direito Público

O Direito Público envolve a organização do Estado, em que são estabelecidas normas de ordem pública, que não podem ser mudadas pela vontade das partes, como a obrigação de pagar tributos.

Divide-se o Direito Público em Direito: Constitucional, Econômico, Administrativo, Penal, Financeiro, Tributário, Processual, da Seguridade Social, Eleitoral.

12.2.1 *Direito Constitucional*

A origem das Constituições é a Magna Carta, de 21 de junho de 1215, em que o rei João sem Terra fez um acordo com os barões ingleses.

Constituição é a organização de alguma coisa. Constituição de uma empresa é uma forma de organizá-la. Constituição é o conjunto dos elementos essenciais de alguma coisa.

Direito Constitucional é o ramo do Direito Público que estuda os princípios, as regras estruturadoras do Estado e garantidoras dos direitos e das liberdades individuais[1].

Não pode haver Estado sem Constituição.

A Constituição é o conjunto de princípios e regras relativos à estrutura e ao funcionamento do Estado. Constituição é uma norma, escrita ou costumeira, que regula a forma de Estado e governo, a sua organização.

Não tem a Constituição normas espalhadas, mas um conjunto de normas formando um núcleo.

Na Constituição são encontradas várias regras de Direito Tributário, Internacional, Administrativo, Penal, da Seguridade Social etc. Há também a constitucionalização do Direito Privado, pois há regras de Direito do Trabalho (arts. 7º a 11), de Direito Civil (arts. 226 a 230), ou seja, existe um pouco de cada um dos outros ramos do Direito.

Nossas Constituições sempre foram escritas. É a Constituição formal.

Há, porém, constituições não escritas, que têm origem nos costumes. É o exemplo da Constituição da Inglaterra, que não é escrita.

---

[1] JACQUES, Paulino. *Curso de direito constitucional*. Rio de Janeiro: Forense, 1954, p. 23.

Constituição rígida é a norma escrita que depende de um critério especial para ser modificada.

Constituição flexível é a que pode ser modificada por um processo legislativo ordinário mais simples.

Implica o Poder Constituinte originário o estabelecimento de uma nova Constituição. Visa à implementação de uma nova ordem político-jurídica. É inicial, ilimitado, autônomo e incondicionado. Não está o Poder Constituinte originário limitado pela Constituição anterior, inexistindo condição para ser exercido.

Poder Constituinte derivado é a possibilidade de reformar a Constituição vigente, de acordo com regra nela inserida. Compreende um legislador constituinte secundário. O Poder Constituinte derivado é, por natureza, subordinado e condicionado às determinações já inseridas na Constituição, isto é, limitado ao que está previsto na Lei Maior. Não pode exceder a autorização contida na Constituição para a reforma. No Brasil, a reforma extraordinária é feita por meio de emenda à Constituição[2].

Direitos fundamentais também estão previstos no curso da Constituição, principalmente no seu art. 5º, como o direito de petição (XXXV), o contraditório e a ampla defesa (LV), o direito à intimidade etc., mas também a dignidade da pessoa humana (art. 1º, III).

12.2.2 *Direito Econômico*

A expressão "ordem econômica" surgiu com a Constituição de Weimar, em 1919.

Diz respeito a ordem econômica à substituição da economia liberal pela economia intervencionista[3].

Direito Econômico é o conjunto de princípios, de regras e de instituições que visa à intervenção do Estado no domínio econômico. Vai regular a atividade econômica.

Distingue-se o Direito Econômico do Direito da economia. Este é mais amplo e abrange o primeiro. O Direito da economia abrange todas as matérias que dizem respeito à economia.

A ordem econômica é fundada na valorização do trabalho humano e na livre-iniciativa. Tem por fim assegurar a todos existência digna, conforme os ditames da justiça social (art. 170 da Constituição).

---

[2] MARTINS, Sergio Pinto. *Teoria geral do estado*. 5. ed. São Paulo: Saraiva, 2025, p. 185-186.

[3] NAZAR, Nelson. *Direito econômico*. Bauru: Edipro, 2004, p. 39.

Tem a ordem econômica os seguintes princípios:

I – soberania nacional;
II – propriedade privada;
III – função social da propriedade;
IV – livre concorrência;
V – defesa do consumidor;
VI – defesa do meio ambiente, inclusive mediante tratamento diferenciado conforme o impacto ambiental dos produtos e serviços e de seus processos de elaboração e prestação;
VII – redução das desigualdades regionais e sociais;
VIII – busca do pleno emprego;
IX – tratamento favorecido para as empresas de pequeno porte constituídas sob as leis brasileiras e que tenham sua sede e administração no País

É assegurado a todos o livre exercício de qualquer atividade econômica, independentemente de autorização de órgãos públicos, salvo nos casos previstos em lei.

Como agente normativo e regulador da atividade econômica, o Estado exercerá, na forma da lei, as funções de fiscalização, incentivo e planejamento, sendo este determinante para o setor público e indicativo para o setor privado (art. 174 da Constituição).

12.2.3 Direito Administrativo

José Cretella Jr. afirma que Direito Administrativo é "o ramo do Direito Público Interno que regula a atividade das pessoas jurídicas públicas e a instituição de meios e órgãos relativos à ação dessas pessoas"[4].

Leciona Hely Lopes Meirelles que o conceito de Direito Administrativo brasileiro "sintetiza-se no conjunto harmônico de princípios jurídicos que regem as atividades públicas tendentes a realizar concreta, direta e imediatamente os fins desejados pelo Estado"[5].

O Direito Administrativo pertence ao Direito Público e depende a Administração da lei para ser obrigada a fazer alguma coisa, diante do princípio da legalidade administrativa (art. 37 da Constituição).

A Administração Pública deve obedecer aos princípios da legalidade, da impessoalidade, da moralidade, da publicidade e da eficiência (art. 37 da Constituição).

---

[4] CRETELLA JR., José. *Curso de direito administrativo*. 11. ed. Rio de Janeiro: Forense, 1991, p. 31.

[5] MEIRELLES, Hely Lopes. *Direito administrativo brasileiro*. 16. ed. São Paulo: Revista dos Tribunais, 1991, p. 24.

É dividida a Administração Pública em direta (União, Estados, Municípios, Distrito Federal), que se confunde com o Poder Executivo, e indireta, que é composta pelas sociedades de economia mista, pelas empresas públicas que exploram atividade econômica, pelas fundações públicas e pelas autarquias (art. 4º do Decreto-Lei n. 200/67).

12.2.4 Direito Financeiro

"Finanças" vem do latim *finis*, que significa fim. Pode-se entender que se trata do fim de uma operação em decorrência do pagamento.

Ciência das Finanças é a disciplina que estuda as receitas e despesas para o funcionamento das atividades do Estado.

A ciência das Finanças fornece dados econômicos, esclarece o legislador na elaboração de leis fiscais para a incidência da norma tributária, visando obter arrecadação para o Estado.

Direito Financeiro é o conjunto de princípios, de regras e de instituições que regula a atividade financeira do Estado.

Estuda o Direito Financeiro a despesa pública, a receita pública, o orçamento público e o crédito público.

O Direito Financeiro é considerado autônomo dentro da ciência do Direito, conforme se depreende do inciso I do art. 24 da Constituição, pois há distinção entre Direito Financeiro, Tributário e Econômico.

As receitas, as despesas e o orçamento público são disciplinados pelo Direito Financeiro. Uma parte das receitas do Estado, as tributárias, é estudada pelo Direito Tributário. A atividade econômica é estudada pelo Direito Econômico.

12.2.5 Direito Tributário

Direito Tributário é o conjunto de princípios, de regras e de instituições que rege o poder fiscal do Estado e suas relações[6].

O Direito Tributário vai se preocupar com uma parte das receitas do Estado, que é a dos tributos.

O princípio da legalidade mostra que não haverá tributo sem prévia determinação legal (*nullum tributum sine praevia lege*). Esclarece o inciso I do art. 150 da Constituição que é vedado ao ente público exigir ou aumentar tributo sem lei que o estabeleça. A lei tem de definir o fato gerador, a base de cálculo e o contribuinte do tributo (art. 97 do CTN).

---

[6] MARTINS, Sergio Pinto. *Manual de direito tributário*. 18. ed. São Paulo: Saraiva, 2019, p. 40.

Tributo é toda prestação pecuniária, compulsória, em moeda ou valor que nela possa se exprimir, que não seja sanção de ato ilícito e cobrada mediante atividade administrativa plenamente vinculada (art. 3º do CTN). É o gênero, que abrange os impostos, as taxas, as contribuições sociais, as contribuições de melhoria e os empréstimos compulsórios.

Imposto é o tributo que tem por fato gerador uma situação independente de qualquer atividade estatal específica, relativa ao contribuinte (art. 16 do CTN).

Taxa é o tributo que tem por fato gerador o exercício regular do poder de polícia, ou a utilização, efetiva ou potencial, de serviço público específico e divisível, prestado ao contribuinte (art. 77 do CTN).

Contribuição de melhoria é o tributo que tem por fato gerador a valorização de imóveis decorrente de obras públicas (art. 145, III, da Constituição e art. 81 do CTN).

Contribuições sociais são tributos de competência exclusiva da União para a intervenção no domínio econômico, no interesse de categorias profissionais ou econômicas ou para a Seguridade Social (art. 149 da Constituição).

Empréstimo compulsório pode ser instituído pela União, mediante lei complementar, para atender a despesas extraordinárias, decorrentes de calamidade pública, de guerra externa ou sua iminência, bem como no caso de investimento público de caráter urgente e de relevante interesse nacional (art. 148 da Constituição).

São princípios de Direito Tributário: legalidade tributária, anterioridade, vedação ao confisco, igualdade tributária, uniformidade, capacidade contributiva.

12.2.6 *Direito Penal*

Magalhães Noronha afirma que "Direito Penal é o conjunto de normas jurídicas que regulam o poder punitivo do Estado, tendo em vista os fatos de natureza criminal e as medidas aplicáveis a quem os pratica"[7].

O Direito Penal vai tipificar os crimes e estabelecer as penas pela transgressão da legislação.

Cabe à União legislar sobre Direito Penal (art. 22, I, da Constituição).

Em matéria de Direito Penal vige o princípio da estrita legalidade ou da reserva legal. Não pode haver crime sem lei anterior que o defina, nem pena sem prévia cominação legal (art. 5º, XXXIX, da Constituição). É a máxima latina: *nullum crimen, nulla poena sine previa lege.*

---

[7] NORONHA, Edgar de Magalhães. *Direito penal.* 20. ed. São Paulo: Saraiva, 1982, p. 12.

Estabelece a Constituição regras de Direito Penal em alguns incisos do art. 5º:

> XXXIX – não há crime sem lei anterior que o defina nem pena sem prévia cominação legal;
> XL – a lei penal não retroagirá, salvo para beneficiar o réu;
> XLI – a lei punirá qualquer discriminação atentatória dos direitos e liberdades fundamentais;
> XLII – a prática do racismo constitui crime inafiançável e imprescritível, sujeito a pena de reclusão, nos termos da lei;
> XLIII – a lei considerará crimes inafiançáveis e insuscetíveis de graça ou anistia a prática da tortura, o tráfico ilícito de entorpecentes e drogas afins, o terrorismo e os definidos como crimes hediondos, por eles respondendo os mandantes, os executores e os que, podendo evitá-los, se omitirem;
> XLIV – constitui crime inafiançável e imprescritível a ação de grupos armados, civis ou militares, contra a ordem constitucional e o Estado Democrático;
> XLV – nenhuma pena passará da pessoa do condenado, podendo a obrigação de reparar o dano e a decretação do perdimento de bens ser, nos termos da lei, estendidas aos sucessores e contra eles executadas, até o limite do valor do patrimônio transferido;
> XLVI – a lei regulará a individualização da pena e adotará, entre outras, as seguintes:
> *a*) privação ou restrição da liberdade;
> *b*) perda de bens;
> *c*) multa;
> *d*) prestação social alternativa;
> *e*) suspensão ou interdição de direitos;
> XLVII – não haverá penas:
> *a*) de morte, salvo em caso de guerra declarada;
> *b*) de caráter perpétuo;
> *c*) de trabalhos forçados;
> *d*) de banimento;
> *e*) cruéis;
> XLVIII – a pena será cumprida em estabelecimentos distintos, de acordo com a natureza do delito, a idade e o sexo do apenado;
> XLIX – é assegurado aos presos o respeito à integridade física e moral;
> L – às presidiárias serão asseguradas condições para que possam permanecer com seus filhos durante o período de amamentação;
> LI – nenhum brasileiro será extraditado, salvo o naturalizado, em caso de crime comum, praticado antes da naturalização, ou de comprovado envolvimento em tráfico ilícito de entorpecentes e drogas afins, na forma da lei;
> LII – não será concedida extradição de estrangeiro por crime político ou de opinião.

O Decreto-Lei n. 2.848/40 é o Código Penal, tendo várias alterações. Contém a maioria dos crimes e das penas. Existem ainda outras leis penais esparsas.

Não comete crime quem o pratica por estado de necessidade, legítima defesa, estrito cumprimento do dever legal ou exercício regular de um direito (art. 23 do Código Penal). Se há exercício irregular do Direito, haverá o crime.

A norma que trata das contravenções penais é o Decreto-Lei n. 3.688, de 3 de outubro de 1941, como: porte ilegal de arma, disparo de arma de fogo, falta de habilitação para dirigir veículo, direção perigosa de veículo na via pública etc.

12.2.7 Direito da Seguridade Social

Bismarck instituiu o seguro social a partir de 1883, com o estabelecimento de diversos benefícios, como seguro-doença, seguro-acidente etc.

A primeira lei previdenciária é o Decreto n. 4.682, de 1923, chamada Lei Eloy Chaves.

A segunda lei previdenciária é a Lei n. 3.807/60, chamada de Lei Orgânica da Previdência Social (LOPS).

Direito da Seguridade Social é o conjunto de princípios, de regras e de instituições destinado a estabelecer um sistema de proteção social aos indivíduos contra contingências que os impeçam de prover suas necessidades pessoais básicas e de suas famílias, integrado por ações de iniciativa dos Poderes Públicos e da sociedade, visando assegurar os direitos relativos à saúde, à previdência social e à assistência social[8].

Seguridade Social é, portanto, o gênero que engloba a Previdência Social, a Assistência Social e a Saúde (arts. 194 a 204 da Constituição).

A União tem competência privativa para legislar sobre Seguridade Social (art. 22, XXIII, da Constituição). União, Estados e Distrito Federal têm competência concorrente para legislar sobre previdência social, proteção e defesa da saúde.

A norma sobre saúde é a Lei n. 8.080, de 19 de setembro de 1990.

A Lei n. 8.212, de 24 de julho de 1991, trata da organização e do custeio da Seguridade Social. A Lei n. 8.213/91 versa sobre os planos de benefícios do Regime Geral de Previdência Social.

A Assistência Social é regulada pela Lei n. 8.742, de 7 de dezembro de 1993. Ela é um direito do cidadão e dever do Estado (art. 1º).

São princípios da Seguridade Social: universalidade da cobertura e do atendimento; uniformidade e equivalência dos benefícios e serviços às populações urbanas e rurais; seletividade e distributividade na prestação dos benefícios e serviços; irredutibilidade do valor dos benefícios; equidade na forma de participação no custeio; diversidade da base de financiamento, identificando-se, em rubricas contábeis específicas para cada área, as receitas e as despesas vinculadas a ações de saúde, previdência e assistência social, preservado o caráter contributivo da previdência social; caráter democrático e descentralizado da administração, mediante gestão quadripartite, com participação dos trabalhadores, dos empregadores, dos aposentados e do Governo nos órgãos colegiados (parágrafo único do art. 194 da Constituição).

---

[8] MARTINS, Sergio Pinto. *Direito da seguridade social*. 43. ed. São Paulo: Saraiva, 2025, p. 20.

12.2.8 Direito Ambiental

O Direito Ambiental era um apêndice do Direito Administrativo ou do Direito Urbanístico.

Direito Ambiental é a ciência jurídica que estuda, analisa e discute as questões e os problemas ambientais e sua relação com o ser humano, tendo por finalidade a proteção ao meio ambiente e a melhoria das condições de vida no planeta[9].

Todos têm direito ao meio ambiente ecologicamente equilibrado, bem de uso comum do povo e essencial à sadia qualidade de vida, impondo-se ao Poder Público e à coletividade o dever de defendê-lo e preservá-lo para as presentes e futuras gerações (art. 225 da Constituição).

A Lei n. 6.938, de 31 de agosto de 1981, trata da Política Nacional do Meio Ambiente. Meio ambiente é "o conjunto de condições, leis, influências e interações de ordem física, química e biológica, que permite, abriga e rege a vida em todas as suas formas" (art. 3º, I).

O meio ambiente compreende o natural ou físico, cultural (valores históricos), patrimônio (histórico, artístico, arqueológico, paisagístico), artificial (edificações e espaços urbanos públicos) e o do trabalho, onde é realizado o trabalho da pessoa.

12.2.9 Direito Eleitoral

Direito Eleitoral é o ramo do Direito Público que disciplina a criação de partidos, o ingresso do cidadão no corpo eleitoral para a fruição dos direitos políticos, o registro das candidaturas, a propaganda política, a votação em referendo, em plebiscito, o processo eletivo e a investidura no mandato[10].

A lei dos partidos políticos é a Lei n. 9.096, de 19 de setembro de 1995.

A Lei n. 9.504, de 30 de setembro de 1997, disciplina as eleições no Brasil.

12.2.10 Direito Processual

"Processo" vem do latim *procedere*, seguir adiante. É a marcha avante.

A denominação "Direito Judiciário" era atribuída a João Mendes Jr., pois o juiz era o principal sujeito do processo. Ele fazia distinção entre Direito Judiciário Civil e Direito Judiciário Penal. Tudo que não era civil era penal e vice-versa.

---

[9] SIRVINSKAS, Luís Paulo. *Manual de direito ambiental*. 11. ed. São Paulo: Saraiva, 2013, p. 105.

[10] PINTO, Djalma. *Direito eleitoral*. 5. ed. São Paulo: Atlas, 2010, p. 12.

A crítica que se fazia a essa denominação era que não se pode falar em Direito Judiciário, pois não se estuda apenas o juiz ou o Judiciário, mas o processo. O juiz é apenas um dos sujeitos do processo, que precisa da postulação do autor, que é resistida pelo réu, para poder decidir o litígio.

A expressão "Direito Processual" vem do Direito Alemão.

Direito Processual é o conjunto de princípios, de regras e de instituições, que visa solucionar o litígio entre as partes[11].

O Direito Processual é dividido em: Direito Processual Civil, Direito Processual Penal, Direito Processual do Trabalho, Direito Processual Militar.

A maior parte das regras do Direito Processual Civil está no Código de Processo Civil (CPC), que é a Lei n. 13.105/2015.

O Código de Processo Penal vigente foi determinado pelo Decreto-Lei n. 3.689/41. A norma que versa sobre execução penal é a Lei n. 7.210/84.

O Brasil não tem um Código de Processo do Trabalho. A maior parte das normas processuais trabalhistas está nos arts. 643 a 910 da CLT, além de algumas leis esparsas. O Direito Processual Civil será fonte subsidiária do Processo do Trabalho, havendo omissão na CLT e compatibilidade com suas disposições (art. 769 da CLT). Na execução trabalhista, havendo omissão na CLT, aplica-se em primeiro lugar a Lei de Execução Fiscal (Lei n. 6.830/80). Omissa esta, observa-se o CPC (art. 889 da CLT).

12.2.11 *Direito Internacional Público*

O Direito Internacional Público surge na Idade Média, quando o Papa passa a ser árbitro em litígios internacionais.

O Tratado de Paz de Westfália, de 30 de janeiro de 1648, foi o acordo entre países europeus para pôr fim à Guerra dos Trinta Anos. Foi assinado em Osnabrück, por Fernando III, Sacro Imperador Romano-Germânico, os demais príncipes alemães, França e Suécia, para pôr fim ao conflito entre estas duas últimas potências e o Sacro Império.

Direito Internacional Público é o conjunto de princípios ou regras destinados a reger os direitos e deveres internacionais, tanto dos Estados ou outros organismos análogos quanto dos indivíduos[12].

---

[11] MARTINS, Sergio Pinto. *Teoria geral do processo*. 10. ed. São Paulo: Saraiva, 2025, p. 9.
[12] ACCIOLY, Hildebrando. *Manual de direito internacional público*. 10. ed. São Paulo: Saraiva, 1973, p. 1.

Pretende o Direito Internacional Público regular questões internacionais que seriam de ordem pública e deveriam ser respeitadas em relação a cada país. São as relações entre Estados, enquanto nações. Exemplos são os tratados internacionais, as declarações de direitos, como a Declaração Universal dos Direitos Humanos (1948), as convenções da Organização Internacional do Trabalho (OIT), as questões relativas à guerra, ao mar territorial etc.

A relação entre os Estados não é de subordinação. Não existe um Estado superior e outro inferior hierarquicamente. A relação entre eles é de coordenação.

Funda-se o Direito Internacional Público no *pacta sunt servanda*, de que o pactuado deve ser cumprido.

Os sujeitos no Direito Internacional Público são os Estados, a Santa Sé e as organizações internacionais.

São fontes de Direito Internacional Público as convenções ou os tratados internacionais, o costume internacional, os princípios gerais de direito e a equidade.

Os tratados podem ser bilaterais, quando envolvem duas partes, e multilaterais, quando têm três ou mais partes.

O Direito Penal Internacional ou Direito Internacional Penal é o estabelecido em tratados para a repressão de delitos que envolvem as relações internacionais, os direitos humanos. O Brasil se submete à jurisdição de Tribunal Penal Internacional a cuja criação tenha manifestado adesão (§ 4º do art. 5º da Constituição).

12.3 Direito Privado

Até a Idade Média, o Direito Privado se confundia com o Direito Civil. Em razão do comércio entre as cidades surgiu o Direito Comercial. Com as reivindicações dos empregados surge o Direito do Trabalho.

Direito Privado era o contrário do Direito Público.

O Direito Privado diz respeito ao interesse dos particulares, às normas contratuais que são estabelecidas pelos particulares, decorrentes da manifestação de vontade dos interessados.

O Direito Privado é dividido em Direito Civil, Comercial e do Trabalho.

12.3.1 *Direito Civil*

Em 1687 foram compiladas as leis civis (*Les lois civiles leur ordre naturel*). Domat, em 1694, identifica o *jus civile* como Direito Privado.

O Código de Napoleão surgiu em 1804, contendo todo o Direito Civil. Primeiro, foi discutido num Conselho de Estado, em várias sessões, presididas na sua maior parte por Napoleão. Foram sancionadas 36 leis. Em 21 de março de 1804 foi promulgado o conjunto, que passou a ser denominado Código Civil.

Em 1876, foi promulgado o *Codex Maximilianeus Bavaricus civilis*.

O primeiro Código Civil brasileiro é de 1916. É a Lei n. 3.071, de 1º de janeiro de 1916.

O segundo Código Civil brasileiro foi estabelecido pela Lei n. 10.406, de 10 de janeiro de 2002.

Muitas vezes o Direito Civil é chamado de Direito Comum (*ius commune*) pelo fato de ser um direito comum a várias nações, que tinham por fundamento o Direito Romano. O § 1º do art. 8º da CLT faz referência à aplicação do Direito Comum na omissão da CLT.

Direito Civil é o conjunto de princípios, de regras e de instituições que regula as relações entre particulares e entre estes e os bens de que se utilizam.

O Direito Civil regula as relações entre pessoas que estão na condição de particulares ou que atuam na condição de particulares.

O Estado poderá utilizar muitas vezes o Direito Civil na condição de particular e não de Estado. Não usará no caso de seu poder de império (*jus imperii*) ou de seu poder soberano.

O Direito Civil, como todo o Direito, pode ter normas de natureza pública, como relativa a sucessões, a casamentos, a menores, que não podem ser mudadas pela vontade das partes. Entretanto, a preponderância das normas no Direito Civil é de natureza privada.

Orlando Gomes afirma que o Direito Civil é o Direito Privado "por excelência", pois regula as relações entre particulares com fundamento na igualdade jurídica e na autodeterminação (autonomia privada)[13].

As normas de Direito Civil tratam das relações entre particulares desde o nascimento até a morte da pessoa. "Regulando as relações de pessoa a pessoa, assim, as formas de vida que são o núcleo íntimo e a razão de ser da organização social, bem podemos dizer que o Direito Civil regula a vida quotidiana do homem comum.[14]"

No Institutas do Imperador Justiniano, o Direito Civil era dividido em três partes: pessoas, coisas e ações. As ações hoje em dia dizem respeito ao Direito Processual.

---

[13] GOMES, Orlando. *Introdução ao direito civil*. 12. ed. Rio de Janeiro: Forense, 1997, p. 29.

[14] PINTO, Carlos Alberto da Mota. *Teoria geral do direito civil*. 3. ed. Coimbra: Almedina, 1986, n. 8, p. 44.

O Código Civil de Napoleão, de 1804, fazia a divisão do Direito Civil em pessoas, coisas e modos diversos de adquirir a propriedade. Embora não fosse propriedade, eram incluídas neste item: sucessões, obrigações, regimes matrimoniais, privilégios e prescrição.

O Código Civil alemão (*Bürgerliches Gesetzbuch* – BGB) de 1900 é inspirado na obra de Savigny. Divide-se em parte geral, como normas comuns às diferentes relações jurídicas. A parte especial era dividida em Direito das Obrigações, Direito das Coisas, Direito de Família, Direito das Sucessões.

O Código Civil italiano de 1942 é dividido em família, sucessões, propriedade e obrigações, trabalho e tutela dos direitos.

O projeto de Código Civil foi de autoria de Clóvis Beviláqua, que deu origem à Lei n. 3.071, de 1º de janeiro de 1916. Entrou em vigor em 1º de janeiro de 1917. Dividia-se em Parte Geral e Parte Especial. Esta era dividida em Direito de Família, Direito das Coisas, Direito das Obrigações e Direito das Sucessões. O Código Civil de 1916 foi elaborado em época em que vigia a sociedade patriarcal e rural.

A Lei n. 10.406, de 10 de janeiro de 2002, estabeleceu o novo Código Civil. Ele entrou em vigor em 11 de janeiro de 2003. Foi dividido o Código Civil em Parte Geral e Parte Especial. Na Parte Geral, são estudadas as noções de pessoas, de bens, de atos e fatos jurídicos, defeitos e invalidades dos negócios jurídicos, prescrição e decadência. Na Parte Especial, são incluídas regras sobre família, sucessões, coisas, obrigações, contratos, Direito de Empresa.

O Direito Civil é chamado de Direito Comum. Essa expressão é encontrada no § 1º do art. 8º da CLT.

12.3.2 Direito Comercial

Inicialmente, o Direito Comercial era aplicado aos comerciantes e mercadores. Dizia respeito a regular atos de comércio.

Surgiu o Direito Comercial na Idade Média, em cidades italianas que comerciavam, em razão das práticas e costumes das corporações de mercadores (*consuetudo mercatorum*). O costume dos comerciantes foi compilado em algumas cidades italianas. Surgiram a *Consuetudines*, de Gênova, em 1056, e o *Constitum usus*, de 1161, de Pisa. As decisões das corporações foram compiladas, como a *Breve consulum mercatorum* de Pisa, de 1305, e os *Statutum mercatorum* de Bolonha, de 1305.

A unificação do Direito Privado era defendida por Teixeira de Freitas no século XIX. Ele foi incumbido pelo Imperador de redigir projeto de Código Civil. Chegou a redigir 4.908 artigos no Esboço de Código Civil. Entendeu que as obrigações civis e comerciais deveriam ser disciplinadas num único Código Civil, precedido de um Código Geral.

O Código Suíço das Obrigações tem regras civis e comerciais.

Na Itália, Cesare Vivante, autor de um tratado de Direito Comercial, lutou pela unificação do Direito Privado, tendo por resultado o Código Civil de 1942. Houve o desaparecimento do Código Comercial.

O Código Comercial foi estabelecido por Dom Pedro II pela Lei n. 556, de 25 de junho de 1850.

O Código Civil de 2002 toma por base o Código Civil italiano de 1942, tentando unificar o Direito Privado num único dispositivo normativo. Revogou a primeira parte do Código Comercial (arts. 1º a 456).

É certo falar na unificação das obrigações, que seriam civis ou comerciais, mas não na unificação do Direito Privado, pois, do contrário, deveria aí estar incluído o Direito do Trabalho. Isso é sabidamente impossível, pois cada ramo do Direito tem as suas especificidades.

As atividades negociais são integradas em normas civis. Daí surge a denominação Direito Empresarial, tanto que o Livro II do Código Civil passa a ser denominado *Do Direito da Empresa*. Entretanto, Direito Empresarial ou Direito da empresa compreende várias matérias que digam respeito à empresa, como parte do Direito do Trabalho, do Direito Econômico, do Direito Comercial, do Direito Tributário, do Direito da Seguridade Social, do Direito Penal, em que haja relações incidentes sobre a empresa.

"Comércio" vem do latim *commercium* (*cum*, que é preposição, e *merx*, mercadoria).

Direito Comercial é o conjunto de princípios, de regras e de instituições que regula os atos do comércio e das pessoas que exercem profissionalmente esses atos.

Hoje, é utilizada a expressão "Direito Empresarial", pois o Código Civil passou a regular as sociedades, as empresas. Visa regular a atividade empresarial. Entretanto, Direito Empresarial é mais amplo: é a parte do Direito que cuida da empresa, como das sociedades, da parte trabalhista da empresa, dos tributos recolhidos pela empresa, das contribuições sociais recolhidas pela empresa, de parte do Direito Econômico relativa à livre-iniciativa. Logo, o Direito Empresarial é bastante amplo e não se confunde com o Direito Comercial, pois este não vai estudar tributos devidos pela empresa, a empresa enquanto empregador etc.

Direito do Consumidor é uma matéria multidisciplinar, pois contém regras de Direito Civil, Administrativo, Penal, de Processo Civil. O Código de Defesa do Consumidor é a Lei n. 8.078, de 11 de setembro de 1990.

Consumidor é toda pessoa física ou jurídica que adquire ou utiliza produto ou serviço como destinatário final (art. 2º do CDC).

Fornecedor é toda pessoa física ou jurídica, pública ou privada, nacional ou estrangeira, bem como os entes despersonalizados, que desenvolvem atividade de produção, montagem, criação, construção, transformação, importação, exportação, distribuição ou comercialização de produtos ou prestação de serviços (art. 3º do CDC).

Produto é o bem móvel ou imóvel, material. Serviço é qualquer atividade fornecida no mercado de consumo, mediante remuneração, inclusive as de natureza bancária, financeira, de crédito e securitária, salvo as decorrentes das relações de caráter trabalhista (§ 2º do art. 3º do CDC). As regras de proteção e defesa do consumidor são de ordem pública e de interesse social. O Estado promoverá, na forma da lei, a defesa do consumidor (art. 5º, XXXII, da Constituição).

12.3.3 *Direito do Trabalho*

O Direito do Trabalho vai surgindo a partir das reivindicações dos trabalhadores por melhores condições de trabalho, especialmente para mulheres e menores.

A doutrina social da Igreja Católica também preconiza direitos aos trabalhadores, como se observa na Encíclica Rerum Novarum, do Papa Leão XIII, de 1891.

Direito do Trabalho é o conjunto de princípios, regras e instituições atinente à relação de trabalho subordinado e situações análogas, que visa assegurar melhores condições de trabalho e sociais ao trabalhador, de acordo com as medidas de proteção que lhe são destinadas[15].

O objetivo principal do Direito do Trabalho é estudar o trabalho subordinado, mas também as situações análogas, como o trabalho do avulso.

O Direito do Trabalho é dividido em Teoria Geral, Direito Individual do Trabalho, Direito Tutelar do Trabalho e Direito Coletivo do Trabalho.

O Direito Internacional do Trabalho pertence ao Direito Internacional, como um de seus segmentos, não fazendo parte do Direito do Trabalho.

O Direito Sindical não se justificaria como um dos ramos do Direito do Trabalho, pois diz respeito apenas ao sindicato, enquanto o Direito do Trabalho não vai estudar apenas o sindicato, mas também sua organização, normas coletivas das quais ele participa etc.

Não se poderia admitir um Direito Público do Trabalho, embora o Direito do Trabalho tenha regras de ordem pública, principalmente as normas protetivas do

---

[15] MARTINS, Sergio Pinto. *Direito do trabalho*. 41. ed. São Paulo: Saraiva, 2025, p. 19.

trabalho, ou que disciplinam certas garantias mínimas dos trabalhadores, que seriam irrenunciáveis por estes.

Embora muitos autores empreguem a expressão "Direito Administrativo do Trabalho", inclusive no exterior, essa expressão diz respeito à Administração, abrangendo inclusive questões de funcionários públicos, tema que o Direito do Trabalho não vai analisar.

O mesmo se pode dizer do Direito Penal do Trabalho, em que essa matéria seria uma parte do Direito Penal, principalmente quando trata dos crimes contra a organização do trabalho.

O Direito da Previdência Social e o Direito da Assistência Social estão incluídos, hoje, no gênero Direito da Seguridade Social, que é autônomo, já não fazendo parte do Direito do Trabalho, como antigamente se dizia, mormente diante dos arts. 194 a 204 da Constituição, incluídos no capítulo "Da Seguridade Social".

Na Teoria do Direito do Trabalho, são estudados o histórico, a denominação, o conceito, a autonomia, a posição enciclopédica, as relações, as fontes e a aplicação do Direito do Trabalho, os princípios, entre outras questões.

No Direito Individual do Trabalho, são estudados o contrato de trabalho, seu nascimento, seu desenvolvimento e sua cessação, além de outras regras com pertinência ao referido pacto, como o FGTS, a estabilidade etc.

No Direito Tutelar do Trabalho, são observadas regras sobre proteção do trabalhador, como as normas de segurança e medicina do trabalho, regras sobre a jornada de trabalho, sobre os repousos do trabalhador, sobre a fiscalização trabalhista etc.

No Direito Coletivo do Trabalho, são examinados a organização do sindicato, as normas coletivas, pertinentes ao sindicato, suas funções ou seus conflitos coletivos, principalmente a greve etc.

Para Miguel Reale, o Direito do Trabalho faz parte do Direito Público[16]. Em primeiro lugar, verifica-se que no Direito do Trabalho há normas de natureza administrativa, principalmente as de fiscalização trabalhista e de segurança e medicina do trabalho. Em segundo lugar, as normas trabalhistas têm natureza tuitiva, de proteção ao trabalhador. Em consequência, são regras imperativas, que não podem ser olvidadas pelo empregador, mormente com o objetivo de impedir, fraudar ou desvirtuar a aplicação desses preceitos (art. 9º da CLT). Nessa concepção, proclamam que os direitos trabalhistas são irrenunciáveis pelo trabalhador, o

---

[16] REALE, Miguel. *Lições preliminares de direito*. 27. ed., 11. tir. São Paulo: Saraiva, 2012, p. 350.

que mostraria a natureza pública de suas normas. Terceiro, alguns autores entendem que a empresa é uma instituição, tendo, portanto, as relações com seus empregados natureza pública, equiparando-as às normas de natureza administrativa, como as que regem o Estado-administração e os funcionários públicos[17].

As normas de fiscalização trabalhista, porém, servem apenas para verificar o cumprimento das regras trabalhistas, não se podendo justificar a predominância de tais disposições sobre outras. O que se observa no contrato de trabalho é que há a possibilidade de as próprias partes acordarem a respeito das condições gerais de trabalho. O fato de se falar em irrenunciabilidade de direitos trabalhistas não quer dizer que outros direitos, que não trabalhistas, previstos em outras leis, não sejam irrenunciáveis, por força da aplicação cogente da lei, de sua compulsoriedade, e não da existência de uma facultatividade.

Cesarino Jr. entende que o Direito do Trabalho deve ser chamado de Direito Social. Seria um *tertium genus*, que nem seria público, nem privado. Seria o Direito destinado a amparar os "hipossuficientes", que seriam as pessoas economicamente desprotegidas na relação de emprego, ou seja: os empregados[18]. Entretanto, é possível afirmar que o Direito, por natureza, é social, é feito para a sociedade, não se justificando que um dos ramos do Direito tenha esse nome. Assim, todos os ramos do Direito teriam natureza social, já destinados a promover o bem-estar dos indivíduos perante a sociedade. Não há um Direito mais social que outro. Não pode haver Direito a não ser na sociedade. *Ubi societas, ibi ius.* Não se pode dizer que há um *tertium genus*, pois entre Direito Público e Direito Privado não há um terceiro gênero (*tertius non datur*).

Georges Gurvitch faz referência ao Direito Social como forma de demonstrar o pluralismo do Direito do Trabalho. São as normas oriundas dos grupos[19].

A denominação Direito Social, contudo, é totalmente genérica e vaga, não servindo para definir a matéria em estudo. Argumenta-se, ainda, que o Direito por natureza já é social, feito para vigorar na sociedade, e que todos os ramos do Direito têm essa característica.

---

[17] MARTINS, Sergio Pinto. *Direito do trabalho*. 41. ed. São Paulo: Saraiva, 2025, p. 30. Entende também que o Direito do Trabalho pertence ao Direito Privado: Orlando Gomes (*Introdução ao direito civil*. 19. ed. Rio de Janeiro: Forense, 2007, p. 22).

[18] CESARINO JR., Antonio. *Direito social*. São Paulo: Saraiva, 1957, v. 1, p. 35.

[19] GURVITCH, Georges. *L'idée du droit social*. Paris: Librairie du Recueil Sirey, 1932, p. 15-16; e *Le temps présent et l'idée du droit social*. Paris: J. Vrin, 1931.

São direitos sociais, segundo o art. 6º da Constituição, a educação, a saúde, a alimentação, o trabalho, a moradia, o transporte, o lazer, a segurança, a previdência social, a proteção à maternidade e à infância, a assistência aos desamparados.

O Direito Social seria mais amplo, pois abrange o conjunto de disciplinas voltadas para a proteção das pessoas, como na Seguridade Social (Previdência Social, Assistência Social e Saúde), segurança pública, educação etc.

A preponderância das normas trabalhistas tem natureza privada, como o contrato de trabalho, de estabelecer condições de trabalho (art. 444 da CLT), das convenções e acordos coletivos de trabalho, do sindicato, que é uma associação privada. O que prepondera é a autonomia da vontade das pessoas na contratação, apesar da existência de normas de ordem pública que incidem sobre a relação de emprego.

O Direito do Trabalho também tem previsão na Constituição, dentro da ideia de constitucionalização do Direito Privado. O art. 7º da Constituição trata de direitos individuais e tutelares do trabalho. O art. 8º, do sindicato único, estabelecido por categoria, da contribuição confederativa e da prevista em lei, da garantia de emprego do dirigente sindical etc. O art. 9º versa sobre o direito de greve. O art. 10 prevê a participação dos trabalhadores em colegiados trabalhistas e previdenciários que sejam objeto de discussão e deliberação. O art. 11 versa sobre a eleição de um representante dos trabalhadores nas empresas de mais de 200 empregados para o fim de promover o entendimento direto com os empregadores.

A Consolidação das Leis do Trabalho foi editada no governo de Getúlio Vargas por meio do Decreto-Lei n. 5.452, de 1º de maio de 1943. A parte de Direito material do Trabalho está nos arts 1º a 642 da CLT.

12.3.4 Direito Internacional Privado

No século XIII, em razão das relações comerciais entre as cidades do Mediterrâneo é que vão sendo estabelecidas regras para reger as referidas relações.

É com Bartolo, com a sua Teoria dos Estatutos, que o Direito Internacional Privado se forma como sistema.

Direito Internacional Privado é, para Irineu Strenger:

> um complexo de normas e princípios de regulação que, atuando nos diversos ordenamentos legais ou convencionais, estabelece qual o direito aplicável para resolver conflitos de leis ou sistemas, envolvendo relações jurídicas de natureza privada ou pública, com referências internacionais ou interlocais[20].

---

[20] STRENGER, Irineu. *Direito internacional privado*. 3. ed. São Paulo: LTr, 1996, p. 76.

O Direito Internacional Privado procura disciplinar as relações das pessoas no espaço quando existe mais de uma norma tratando do assunto. Exemplo seria um empregado que é transferido do Uruguai para o Brasil. Qual é a lei que se aplica: a uruguaia, em que o empregado foi contratado, ou a brasileira, em que o empregado trabalha? Quais são, por exemplo, os efeitos do casamento de uma pessoa na Argentina perante o Direito Brasileiro etc.

O objeto do Direito Internacional Privado é o estudo e a solução dos conflitos de leis no espaço. Havendo mais de uma norma a ser aplicada, irá estabelecer critérios para verificar qual vai ser observada. É um Direito que tem regras de Direito. São normas de direito, de sobredireito (*Überrecht*)[21].

Os elementos de conexão serão a chave para a resolução do conflito de leis no espaço. Indicarão o direito que será aplicável ao caso em tela.

Poderão os elementos de conexão variar de acordo com cada ordenamento jurídico. Não há, muitas vezes, uma solução uniforme e universal para resolver o conflito de leis no espaço.

O Decreto-Lei n. 4.657/42 prevê, em alguns de seus artigos, critérios para a solução dos conflitos de leis no espaço.

Em matéria de capacidade da pessoa física, há três sistemas: o da territorialidade, o da nacionalidade e o do domicílio.

A territorialidade ou *lex fori* implica que a lei do Estado sobre capacidade é a que será aplicada a todas as pessoas que estejam em seu território.

Pouco importa se são nacionais, estrangeiros ou se as pessoas estão de passagem pela localidade.

Na nacionalidade (*lex patriae*), verifica-se a pessoalidade, como em matéria de divórcio. O Código Civil francês de 1804 determina a capacidade pela nacionalidade. Em alguns países, a nacionalidade é elemento fundamental, pois a mulher adquire sempre a nacionalidade do marido. O Brasil não adota, porém, esse critério.

A nacionalidade pode fundamentar-se no nascimento, na naturalização ou no casamento. O nascimento pode dizer respeito ao sangue ou ao solo. A nacionalidade do filho corresponderia à nacionalidade dos pais (*ius sanguinis*). No segundo caso, a nacionalidade depende do local em que a pessoa nasce (*ius soli*).

---

[21] Essa terminologia é de Ernst Zitelmann (PONTES DE MIRANDA. *Comentários à Constituição de 1967*: com a emenda n. 1/69. Rio de Janeiro: Forense, 1987, t. I, p. 93). DOLINGER, Jacob. *Direito internacional privado*: parte geral. 4. ed. Rio de Janeiro: Renovar, 1996, p. 5-6.

O Brasil adota um critério misto, pois a letra *a* do inciso I do art. 12 da Constituição consagra o critério do *ius soli*, ao fazer referência que os nascidos no Brasil, ainda que de pais estrangeiros, terão nacionalidade brasileira, e as alíneas *b* e *c* do inciso I do mesmo artigo tratam do *ius sanguinis*, ao preverem que são brasileiros natos os nascidos no estrangeiro de pai brasileiro ou mãe brasileira, desde que sejam registrados em repartição brasileira competente ou venham a residir na República Federativa do Brasil e optem, em qualquer tempo, depois de atingida a maioridade, pela nacionalidade brasileira.

O art. 8º do Decreto-Lei n. 4.657/42 dispõe que a lei nacional da pessoa determina a capacidade civil, os direitos de família, as relações pessoais dos cônjuges e o regime dos bens no casamento, sendo lícita quanto a este a opção pela lei brasileira.

A pessoa estabelece hábitos no local do domicílio (*lex domicilii*). Assim, deve ser observada a lei desse local. O art. 7º do Decreto-Lei n. 4.657/42 menciona que a lei do país em que for domiciliada a pessoa determina as regras sobre o começo e o fim da personalidade, o nome, a capacidade e os direitos de família. O art. 9º da mesma norma esclarece que será aplicada subsidiariamente a lei do domicílio e, na falta desta, a da residência:

a) quando a pessoa não tiver nacionalidade;

b) quando se lhe atribuírem duas nacionalidades, por conflito, não resolvido, entre as leis do país do nascimento e as do país de origem; caso em que prevalecerá, se um deles for o Brasil, a lei brasileira.

Na lei do local do ato (*locus regit actum* ou *lex loci regit actum*), vale a norma do local em que foi praticado o ato. Para Wilson de Souza Campos Batalha, o Decreto-Lei n. 4.657/42 consagrou a regra do *locus regit actum* no § 1º do art. 9º, que estabelece: "destinando-se a obrigação a ser executada no Brasil e dependendo de forma essencial, será esta observada, admitidas as peculiaridades da lei estrangeira quanto aos requisitos extrínsecos do ato". Admite Batalha que, caso a obrigação a ser executada no Brasil dependa de forma especial, esta deverá ser observada, admitidas as peculiaridades da lei estrangeira relativamente aos requisitos extrínsecos do ato[22].

A lei do local da execução (*lex loci executionis*) indica o local da obrigação onde deve ser executada. Exemplo é a nossa lei cambial, que permite que as operações cambiais sejam pagas no lugar designado. Não é possível cobrar a dívida em moeda estrangeira, salvo nas hipóteses previstas em lei. A regra a ser observada no contrato de trabalho é a lei do local da prestação de serviços (*lex loci laboris*) ou da execução do contrato.

---

[22] BATALHA, Wilson de Souza Campos. *Tratado de direito internacional privado*. São Paulo: Revista dos Tribunais, 1977, v. 2, p. 326.

Pode também ser usada a lei do lugar da execução do pagamento (*lex loci solutionis*).

Lex loci contractus é a lei do lugar do contrato ou lei onde foi celebrado ou concluído o contrato (*lex loci celebrationis*). Devem, porém, ser observadas como limites a ordem pública internacional e a capacidade das partes. O art. 9º do Decreto-Lei n. 4.657/42 prevê que, para qualificar e reger as obrigações, aplicar-se-á a lei do país em que se constituírem. O § 2º do mesmo artigo menciona que a obrigação resultante do contrato se reputa constituída no lugar em que residir o proponente.

Os bens são regidos pela lei do local em que estão situados. É o lugar da situação da coisa (*lex loci rei sitae*). O art. 8º do Decreto-Lei n. 4.657/42 reza que, para qualificar os bens e regular as relações a eles concernentes, aplicar-se-á a lei do país em que estiverem situados. Os direitos reais (sobre a coisa) ou o direito de propriedade terão como elemento de conexão o lugar da situação da coisa. Aplicar-se-á a lei do país em que for domiciliado o proprietário, quanto aos bens móveis que ele trouxer, ou se destinarem a transporte para outros lugares. O penhor regula-se pela lei do domicílio que tiver a pessoa, em cuja posse está a coisa apenhada.

A autonomia da vontade pode indicar o critério a ser aplicado para a solução do conflito, inclusive a lei respectiva para esse fim. É a lei escolhida pelas partes (*lex voluntatis*). As leis obrigatórias, imperativas ou de ordem pública, limitam, porém, o critério da autonomia, pois basta a norma dizer em contrário ao que foi pactuado para que haja a incidência da norma de ordem pública, que não pode ser modificada pela vontade das partes. O Decreto-Lei n. 4.657/42 já não trata da referida regra.

Muitas vezes, as partes inserem uma cláusula no contrato, determinando onde o conflito deve ser dirimido. É a aplicação da lei do foro (*lex fori*). Talvez seja o mais antigo elemento de conexão, que era observado desde a *Summa Codicis*. O foro é o lugar em que se move a ação. Todos os atos processuais se disciplinam pela lei do foro. O art. 15 do Decreto-Lei n. 4.657/42 menciona que será executada no Brasil a sentença proferida no estrangeiro, desde que atendidos certos requisitos. Há necessidade, muitas vezes, de verificar se a vontade das pessoas não está violando normas de ordem pública, que fixam competência, para constatar a validade de tal determinação.

Lex loci delicti commissi é a lei do local em que o delito foi cometido.

12.4 Direito Misto

Há ramos do Direito que têm, às vezes, características públicas e privadas ao mesmo tempo.

O Direito do Trabalho tem aspectos privados, da autonomia da vontade na contratação (art. 444 da CLT), e aspectos públicos, como de férias, de salário mínimo, de segurança e medicina do trabalho, que não podem ser alterados pela vontade das partes.

O Direito Sindical, que é parte do Direito do Trabalho, também tem aspectos públicos, mas aspectos privados, como as convenções e os acordos coletivos, que estabelecem condições de trabalho para a categoria ou para uma ou mais de uma empresa.

O Direito Civil também tem aspectos públicos, como de casamento, de bens, de sucessões, de menores, mas tem aspectos privados, como da autonomia da vontade para a contratação.

Questionário

1. O que é Direito Natural?
2. O que é Direito Positivo?
3. Como se divide o Direito Público?
4. Como se divide o Direito Privado?
5. Para que serve o Direito Internacional Público?
6. Para que serve o Direito Internacional Privado?

Referências

ABBAGNANO, Nicola. *Dicionário de filosofia*. São Paulo: Mestre Jou, 1982.

ACCIOLY, Hildebrando. *Manual de direito internacional público*. 10. ed. São Paulo: Saraiva, 1973.

AFTALIÓN, García Olano; VILANOVA, José. *Introducción al derecho*. 5. ed. Buenos Aires: El Ateneo, 1956.

ALEXY, Robert. *Teoria dos direitos fundamentais*. São Paulo: Malheiros, 2008.

ALONSO GARCÍA, Manoel. *Curso de derecho del trabajo*. 5. ed. Barcelona: Ariel, 1975.

ALVIM, Agostinho. *Comentários ao Código Civil*. São Paulo: Universitária, 1968.

ANDRADE, José Carlos Vieira de. *Os direitos fundamentais na Constituição de 1976*. Coimbra: Almedina, 1987.

AQUINO, Santo Tomás de. *Suma teológica*. Araras: Odeon, 1936.

ARISTÓTELES. *Ética*. São Paulo: Atena, 1941.

ARRUDA, Roberto Thomas. *Introdução à ciência do direito*. São Paulo: Juriscredi, 1972.

ASCENSÃO, José de Oliveira. *O direito*: introdução e teoria geral. Lisboa: Fundação Calouste Gulbenkian, 1978.

AUBRY, Charles; RAU, Charles. *Cours de droit civil français*. 6. ed. Paris: Marchal Billard, 1936.

AZEVEDO, Antonio Junqueira de. *Negócio jurídico*: existência, validade e eficácia. 4. ed. São Paulo: Saraiva, 2007.

BACHOF, Otto. *Normas constitucionais inconstitucionais?* Coimbra: Atlântida, 1977.

BASTOS, Celso Ribeiro. *Comentários à Constituição do Brasil*. São Paulo: Saraiva, 1989.

_____. *Curso de direito constitucional*. São Paulo: Saraiva, 1998.

BATALHA, Wilson de Souza Campos. *Introdução ao estudo do direito*. Rio de Janeiro: Forense, 1981.

_____. *Tratado de direito internacional privado*. São Paulo: Revista dos Tribunais, 1977.

BENTHAM, Jeremy. *Introdução aos princípios da moral e da legislação*, 1789. São Paulo: Abril Cultural, 1974 (Col. Os Pensadores).

BEVILÁQUA, Clóvis. *Teoria geral do direito civil*. 2. ed. Rio de Janeiro: Rio, 1980.

BOBBIO, Norberto. *Teoria do ordenamento jurídico*. 10. ed. Brasília: Universidade de Brasília, 1997.

_____. *Teoria dell'ordinamento jurídico*. Turim: Giappichelli, 1960.

_____. *Sanzione*. Novíssimo Digesto Italiano. Turim: Editrice Torinese, 1968.

BOULANGER, Jean. *Principes généraux du droit positif*: le droit privé français au milieu du siècle. Études offertes à Georges Ripert. Paris: LGDJ, 1950.

BRANCATO, Ricardo Teixeira. *Instituições de direito público e de direito privado*. 11. ed. São Paulo: Saraiva, 1998.

BRANCO, Luiz Carlos. *Manual de introdução ao direito*. 3. ed. Campinas: Millennium, 2003.

CALMON, Pedro. *Curso de direito público*. Rio de Janeiro: Freitas Bastos, 1938.

CANOTILHO, José Joaquim Gomes. *Direito constitucional*. 5. ed., 2. reimp. Coimbra: Almedina, 1992; 5. ed., 1991.

CARNELUTTI, Francesco. *Teoria geral do direito*. São Paulo: Lejus, 1999.

CARRAZZA, Roque Antonio. *Curso de direito constitucional tributário*. 12. ed. São Paulo: Malheiros, 1988.

CARVALHO, Paulo de Barros. *Curso de direito tributário*. 4. ed. São Paulo: Saraiva, 1991.

CESARINO JR., Antonio Ferreira. *Direito social*. São Paulo: Saraiva, 1957.

CÍCERO, Marco Túlio. *De legibus*, Livro I, Cap. II.

COUTURE, Eduardo J. *Vocabulário jurídico*. Montevidéu, 1960.

CRETELLA JR., José. *Curso de direito administrativo*. 11. ed. Rio de Janeiro: Forense, 1991.

_____. *Filosofia do Direito*. 5. ed. Rio de Janeiro: Forense, 1999.

_____. Os cânones do direito administrativo. *Revista de Informação Legislativa*. Brasília, ano 25, n. 97.

DAVID, René. *Os grandes sistemas do direito contemporâneo*. São Paulo: Martins Fontes, 2002.

DE CICCO, Cláudio; GONZAGA, Álvaro de Azevedo. *Teoria geral do estado e ciência política*. 6. ed. São Paulo: Revista dos Tribunais, 2015.

DE PLÁCIDO E SILVA. *Vocabulário jurídico*. Rio de Janeiro: Forense, 1990.

DINIZ, Maria Helena. *Compêndio de introdução à ciência do direito*. 26. ed. São Paulo: Saraiva, 2017.

_____. *Norma constitucional e seus efeitos*. São Paulo: Saraiva, 1989.

DOLINGER, Jacob. *Direito internacional privado*: parte geral. 4. ed. Rio de Janeiro: Renovar, 1996.

DWORKIN, Ronald. *Taking right seriously*. London: Duckworth, 1987.

FERRAZ JR., Tercio Sampaio. *A ciência do direito*. São Paulo: Atlas, 1977.

_____. *Enciclopédia Saraiva de Direito*. São Paulo: Saraiva, 1978. Antinomia.

_____. *Introdução ao estudo do direito*. São Paulo: Atlas, 1988; 8. ed., 2015.

_____. *Teoria da norma jurídica*. Rio de Janeiro: Forense, 1986.

FERREIRA, Aurélio Buarque de Holanda. *Novo dicionário Aurélio da língua portuguesa*. 2. ed. Rio de Janeiro: Nova Fronteira, 1996.

FERREIRA, Waldemar Martins. *História do direito brasileiro*. São Paulo: Saraiva, 1962.

FERREIRA FILHO, Manoel. *Comentários à Constituição brasileira de 1988*. São Paulo: Saraiva, 1990.

_____. *Curso de direito constitucional*. 34. ed. São Paulo: Saraiva, 2008.

FRANÇA, Rubens Limongi. *A irretroatividade das leis e o direito adquirido*. 5. ed. São Paulo: Saraiva, 1998.

GABBA, Carlo Francesco. *Teoria della retroattività delle leggi*. 3. ed. Torino: Unione Tipografico-Editrice, 1891. v. 1.

GARCIA, Gustavo Filipe Barbosa. *Introdução ao estudo do direito*. 5. ed. São Paulo: GEN/Método, 2017.

GARCÍA MÁYNEZ, Eduardo. *Introducción al estudio del derecho*. México: Porrúa, 1968.

GENY, François. *Méthodo de interpretación y fuentes en derecho privado positivo*. 2. ed. Madrid: Réus, 1925.

_____. *Méthode d'interpretation et sources en droit privé positif*. Paris: LGDJ, 1954.

_____. *Science et technique en droit privé positif*. Paris: Recueil Sirey, 1915.

GIGLIO, Wagner. *Direito processual do trabalho*. 8. ed. São Paulo: LTr, 1998; 12. ed., 2002.

GOMES, Orlando. *Introdução ao direito civil*. 12. ed. Rio de Janeiro: Forense, 1997; 19. ed., 2007.

GRAU, Eros Roberto. *A ordem econômica na Constituição de 1988*: interpretação e crítica. 2. ed. São Paulo: Revista dos Tribunais, 1991.

_____. *Direito, conceitos e normas jurídicas.* São Paulo: Revista dos Tribunais, 1988.

_____. *Ensaio e discurso sobre a interpretação/aplicação do direito.* 3. ed. São Paulo: Malheiros, 2005.

GURVITCH, Georges. *L'idée du droit social.* Paris: Librairie du Recueil Sirey, 1932.

_____. *Le temps présent et l'idée du droit social.* Paris: J. Vrin, 1931.

_____. Théorie pluraliste des sources du droit positif. *Annuaire de l'Institut international de philosophie du droit et de sociologie juridique,* 1934-1935.

GUSMÃO, Paulo Dourado de. *Introdução à ciência do direito.* 8. ed. Rio de Janeiro: Forense, 1978.

HART, H. L. A. *The concept of law.* 2. ed. Oxford: Clarendon, 1994.

_____. *O conceito de direito.* 2. ed. Lisboa: Fundação Calouste Gulbenkian, 1996.

JACQUES, Paulino. *Introdução ao estudo do direito.* 3. ed. Rio de Janeiro: Forense, 1978.

_____. *Curso de direito constitucional.* Rio de Janeiro: Forense, 1954.

JARDIM, Eduardo Marcial Ferreira. *Manual de direito financeiro e tributário.* São Paulo: Saraiva, 1993.

JHERING, Rudolf von. *L'esprit du droit romain.* Paris: Maresq, 1880.

KANT, Immanuel. *Crítica da razão pura,* Dialética, II.A.

KELSEN, Hans. *Teoria pura do direito.* São Paulo: Martins Fontes, 1987; 4. ed. Coimbra: Armênio Amado, 1976.

KIRCHMANN, Julius Hermann von. El carácter a-cientifico de la llamada ciencia del derecho, *Conferência,* 1847.

LIMA, Hermes. *Introdução à ciência do direito.* 4. ed. Rio de Janeiro: Nacional de Direito, 1944.

LUHMANN, Niklas. *Die Kunst der Gesellschaft.* Frankfurt a. M.: Suhrkamp, 1995.

MACHADO FILHO, Aires da Mata. *Novíssimo dicionário ilustrado Urupês.* 22. ed. AGE, s.d.p.

MANS PUIGARNAU, Jaime M. *Los principios generales del derecho.* Barcelona: Bosch, 1947.

MARTINS, Sergio Pinto. *Comentários à CLT.* 23. ed. São Paulo: Saraiva, 2020.

_____. *Direito da seguridade social.* 43. ed. São Paulo: Saraiva, 2025.

_____. *Direito do trabalho.* 41. ed. São Paulo: Saraiva, 2025.

_____. *Instituições de direito público e privado.* 21. ed. São Paulo: Saraiva, 2025.

_____. *Manual de direito tributário.* 18. ed. São Paulo: Saraiva, 2019.

_____. *O pluralismo do direito do trabalho.* 2. ed. São Paulo: Saraiva, 2016.

_____. *Teoria geral do estado.* 5. ed. São Paulo: Saraiva, 2025.

_____. *Teoria geral do processo*. 10. ed. São Paulo: Saraiva, 2025.

MASCARO, Alyson. *Introdução ao estudo do direito*. São Paulo: Quartier Latin, 2007.

MAXIMILIANO, Carlos. *Comentários à Constituição Brasileira de 1946*. 5. ed. Rio de Janeiro: Freitas Bastos, 1954.

_____. *Hermenêutica e aplicação do direito*. 8. ed. Rio de Janeiro: Freitas Bastos, 1965.

MELLO, Celso Antônio Bandeira de. *Curso de direito administrativo*. 7. ed. São Paulo: Malheiros, 1995.

MIRANDA, Jorge. *Manual de direito constitucional*. Coimbra: Coimbra Editora, 1983.

MONTEIRO, Washington de Barros. *Curso de direito civil*. 18. ed. São Paulo: Saraiva, 1983. v. 1.

_____. *Curso de direito civil*. 39. ed. São Paulo: Saraiva, 2003. v. 1.

MONTESQUIEU. *O espírito das leis*. São Paulo: Abril Cultural, 1973 (Col. Os Pensadores).

MONTORO, André Franco. *Introdução à ciência do direito*. 23. ed. São Paulo: Revista dos Tribunais, 1995; 25. ed., 1999.

NASCIMENTO, Amauri Mascaro. *Curso de direito processual do trabalho*. 17. ed. São Paulo: Saraiva, 1997.

NAZAR, Nelson. *Direito econômico*. Bauru: Edipro, 2004.

NORONHA, Edgar de Magalhães. *Direito penal*. 20. ed. São Paulo: Saraiva, 1982.

OLIVEIRA FILHO, Benjamin. *Introdução à ciência do direito*. 2. ed. Rio de Janeiro: Haddad, 1957.

OVÍDIO. *Metamorfoses*: as quatro idades. Rio de Janeiro: Francisco Alves, 1930.

PASQUIER, Claude du. *Introduction à la theorie géneral et à la philosophie du droit*. Paris: Delachoux e Niestlé, 1978.

PASSOS, José Joaquim Calmon de. O princípio de não discriminação. In: *Curso de direito constitucional do trabalho*: estudos em homenagem ao professor Amauri Mascaro Nascimento. São Paulo, LTr, 1991. v. 1.

PAUPERIO, Artur Machado. *Introdução ao estudo do direito*. 7. ed. Rio de Janeiro: Forense, 1986.

PINHO, Ruy Rebello; NASCIMENTO, Amauri Mascaro. *Instituições de direito público e privado*. 24. ed. São Paulo: Atlas, 2004.

PINTO, Carlos Alberto da Mota. *Teoria geral do direito civil*. 3. ed. Coimbra: Almedina, 1986.

PINTO, Djalma. *Direito eleitoral*. 5. ed. São Paulo: Atlas, 2010.

PLANIOL, Marcel. *Traité élementaire de droit civil*. 12. ed. Paris: LGDJ, 1923.

PONTES DE MIRANDA. *Comentários à Constituição de 1967*: com a Emenda n. 1/69. Rio de Janeiro: Forense, 1987. t. I.

PORCHAT, Reynaldo. *Retroatividade das leis civis.* São Paulo: Duprat, 1909.

RÁO, Vicente. *O direito e a vida dos direitos.* São Paulo: Max Limonad, 1952.

REALE, Miguel. *Filosofia do direito.* 6. ed. São Paulo: Saraiva, 1972. v. 2.

_____. *Lições preliminares de direito.* 27. ed., 11. tir. São Paulo: Saraiva, 2012; 23. ed., 1996; 18. ed., 1991.

_____. *O direito como experiência.* 2. ed. São Paulo: Saraiva, 1999.

_____. *Teoria do direito e do estado.* São Paulo: Saraiva, 1940.

_____. *Teoria tridimensional do direito.* 5. ed. São Paulo: Saraiva, 2001.

RECASENS SICHES, Luiz de. *Nuova filosofía de la interpretación del derecho.* México: Fondo de Cultura Económica, 1956.

RIPERT, Georges. *La règle morale dans les obrigations civiles.* Paris: LGDJ, 1925.

RODRIGUES, Silvio. *Direito civil.* São Paulo: Max Limonad, 1962.

_____. *Direito civil*: parte geral. São Paulo: Saraiva, 1980. v. 1; 34. ed., 2003.

ROUBIER, Paul. *Le droit transitoire.* Paris: Dalloz e Sirey, 1960.

_____. *Théorie générale du droit*: histoire des doctrines juridiques et philosophie des valeurs sociales. Paris: Dalloz, 2005.

SAVIGNY, Friedrich Carl Von. *Traité de droit romani.* Paris: Librairie Firmin Didot Frères, 1855.

SEVILHA, Isidoro de. *Etymologiarum*, Livro 2, Cap. 10.

SILVA, José Afonso da. *Aplicabilidade das normas constitucionais.* São Paulo: Revista dos Tribunais, 1982; 7. ed., Malheiros, 2007.

_____. *Curso de direito constitucional positivo.* 13. ed. São Paulo: Malheiros, 1997.

SILVA, Luiz de Pinho Pedreira da. *Principiologia do direito do trabalho.* São Paulo: LTr, 1997.

SILVA, Virgílio Afonso da. *A constitucionalização do direito*: os direitos fundamentais nas relações entre particulares. São Paulo: Malheiros, 2008.

SIRVINSKAS, Luís Paulo. *Manual de direito ambiental.* 11. ed. São Paulo: Saraiva, 2013.

STRENGER, Irineu. *Direito internacional privado.* 3. ed. São Paulo: LTr, 1996.

TELLES JR., Goffredo da Silva. *O direito quântico.* 6. ed. São Paulo: Max Limonad, 1985.

VENOSA, Sílvio de Salvo. *Introdução ao estudo do direito.* São Paulo: Atlas, 2011.

WARAT, Luís Alberto. *A definição jurídica.* Porto Alegre: Atrium, 1977.

WINDSCHEID, Bernhard. *Diritto delle pandette.* Torino: Utet, 1930. v. 1.

WROBLEWSKI, Jerzy. *Dicitionaire encyclopedique de théorie et de sociologie du Droit.* Paris: LGDJ, 1988.

ZANZUCCHI, Marco Tullio. *Istituzioni di diritto publico.* Milano: Giuffrè, 1948.

Índice Remissivo

Analogia, 7.2
Antinomia, 11.1
Atos do Poder Executivo, 5.4
Brocardos, 9.6
Ciência Política, 4.6
Código de Hamurabi, 1.2.1
Código de Justiniano, 1.2.1
Código de Manu, 1.2.1
Coisa julgada, 8.3.2
Conceito de Direito, 2
Conflito de normas, 11.1
Constituições, 5.2
Convenção coletiva de trabalho, 5.5.1
Costume *contra legem*, 5.6
Costume *extra legem*, 5.6
Costume *secundum legem*, 5.6
Criminologia, 4.9
Culturalismo jurídico, 6.3.14
Direito Administrativo, 12.2.3
Direito adquirido, 8.3.1

Direito Ambiental, 12.2.8
Direito Civil, 12.3.1
Direito Comercial, 12.3.2
Direito Constitucional, 12.2.1
Direito da Seguridade Social, 12.2.7
Direito do Trabalho, 12.3.3
Direito Econômico, 12.2.2
Direito Eleitoral, 12.2.9
Direito e norma jurídica, 10
Direito Financeiro, 12.2.4
Direito Internacional Privado, 12.3.4
Direito Internacional Público, 12.2.11
Direito Misto, 12.4
Direito Natural, 2.5
Direito Objetivo, 3.1
Direito Penal, 12.2.6
Direito Privado, 12.3
Direito Processual, 12.2.10
Direito Público, 12.2
Direito Romano, 1.2.3

Direito Subjetivo, 3.2
Direito Tributário, 12.2.5
Diretrizes, 9.2.2.3
Disposições contratuais, 5.5
Doutrina, 5.8
Economia, 4.4
Eficácia da norma, 8
Eficácia no espaço, 8.4
Eficácia no tempo, 8.3
Egito, 1.2.1
Equidade, 7.3
Escola da Exegese, 6.3.3
Escola da livre investigação científica, 6.3.6
Escola da jurisprudência de valores, 6.3.10
Escola da jurisprudência dos interesses, 6.3.8
Escola da jurisprudência sociológica norte-americana, 6.3.9
Escola do Direito livre, 6.3.5
Escola do direito positivo, 6.3.11
Escola dos Pandectistas, 6.3.7
Escola Histórica, 6.3.4
Escola Teológica, 6.3.12
Filosofia, 4.3
Fontes do Direito, 5
Função dos princípios, 9.3
Glosadores, 6.3.2
Grécia Antiga, 1.2.1

Hebraica, 1.2.1
Hermenêutica, 6.3
Hierarquia, 5.9
História, 4.1
História do Direito, 1
Idade Antiga, 1.2.1
Idade Média, 1.2.2
Idade Moderna, 1.2.3
Integração da norma, 7
Interpretação das normas de direito, 6
Jurisprudência, 5.7
Lacunas, 11.2
Lei, 5.3
Medicina Legal, 4.7
Moral, 2.4; 4.5
Normas autoaplicáveis, 10.3
Normas constitucionais, 10.3
Normas programáticas, 10.3
Peculiaridades, 9.2.2.4
Princípios de direito, 9
Princípios gerais, 9.5
Psicologia, 4.8
Psicologia social, 6.3.13
Ramos do Direito, 12
Sanção, 10.3
Sistema e Direito, 11
Sociologia, 4.2
Sociologia jurídica, 2.4
Usos e costumes, 5.6